AI시대 바둑을 파헤친다!

# 최강
# 정석

AI시대 바둑을 파헤친다!

# 최강 정석 1. 화점 기본편

초판 1쇄 발행 2020년 12월 10일
초판 2쇄 발행 2022년 6월 5일

감　수　　김일환
지은이　　이하림
발행인　　조상현
마케팅　　조정빈
발행처　　더디퍼런스

등록번호　제2018-000177호
주소　　　경기도 고양시 덕양구 큰골길 33-170
문의　　　02-712-7927
팩스　　　02-6974-1237
이메일　　thedibooks@naver.com
홈페이지　www.thedifference.co.kr

독자여러분의 소중한 원고를 기다리고 있습니다. 많은 투고 부탁드립니다.

ISBN 979-11-6125-280-3  13690

AI시대 바둑을 파헤친다!

# 최강 정석

이하림 지음 · 김일환 감수

## 1. 화점 기본편

더디퍼런스

## 들어가는 말

"바둑의 신이 있다면 인간의 최고수와 몇 점이면 적당할까?" 오래 전부터 이런 궁금
증이 있었습니다. 그동안 인간은 두점 접바둑이면 이긴다고 자신감에 넘치기도 했지
만 막상 신급 존재인 인공지능(AI)이 등장하자 넉점에도 목숨을 걸기 어려운 시대가
되었습니다. AI등장 초기에는 그래도 해볼만하다는 생각이 있었는데 AI가 진화에 진
화를 거듭하면서 지금은 바둑의 적수가 아닌 스승으로 받아들이기에 이르렀습니다.

AI시대에는 생각지도 못했던 기술이 창궐합니다. AI가 보여주는 바둑의 세계는 정
말 신비롭지요. 상식을 벗어난 수가 신기하게도 힘을 발휘하는 등 상황에 따라 변신
하는 둔갑술의 천재입니다. 인간은 보이는 힘만 믿지만 AI는 보이지 않는 힘으로 세
밀하게 분석하고 종합적 판단을 내립니다.

특히 바둑의 초반은 감성과 감각이 지배하는 시공간이며 단순 인공지능의 계산으
로는 인간지능을 넘을 수 없는 금기의 영역이었는데, 더욱 강력해진 인공지능은 이런
고정관념을 보기 좋게 깨뜨리며 인간의 감성을 압도했습니다. 미지의 세계인 초반에
도 신출귀몰한 AI는 거침없이 계산을 하며 이에 따라 정석과 포석에서도 혁명이 일
어났습니다.

그동안 인공지능이 차가운 이성으로 인간 바둑의 세계를 파헤쳐왔다면 이제는 인
공지능 바둑의 심오한 세계를 인간의 따뜻한 감성으로 분석할 차례입니다. 이 책의 기
획 배경은 이처럼 달라진 바둑 수법을 AI의 새로운 시각으로 보여주려는 데 있습니다.

우선 당면 과제인 정석 분야에서는 3권의 시리즈로 완결할 예정입니다. 이번 책의
주제는 화점인데 그중에서도 가장 많이 접하는 기본적인 정석에 대해 다룹니다. 앞으
로 2권에서는 화점 정석 중 협공에 대해, 3권에서는 소목 정석에 대해 다룰 예정입니다.

이번 책은 편의상 '화점 기본편'으로 부제를 삼았고 내용 전달의 이해를 위해 파트
별로 주제를 두었습니다.

파트별 내용을 요약 소개하면, '파트 1'은 AI시대 가장 대표적인 정석에 대해 다룹
니다. AI는 처음부터 3三침입을 애용하며 화점에 걸치더라도 이후 타이트한 붙임으

로 공격적 성향을 보입니다. '파트 2'는 귀에서 받고 벌린 이후의 침입에 대해 다룹니다. 여기서도 AI의 2선 침입 등 창의적 발상을 엿볼 수 있습니다. '파트 3'은 공격적이며 능동적인 정석에 대해 다룹니다. 그동안 많이 사용했던 정석도 보이지만 허허실실을 따지는 AI의 진단에 초점을 두었습니다. '파트 4'는 그동안 접바둑 수법이라 여겼던 위로 붙이는 정석에 대해 다룹니다. 귀에서 서슴없이 붙이는 AI의 진화된 수법에 초점을 두었습니다. '파트 5'는 한칸받음과 눈목자받음 정석의 핵심 변화에 대해 다룹니다. '파트 6'은 AI가 즐겨 사용하는 양걸침 정석에 대해 다룹니다. 손빼기에 능한 AI의 영향으로 실전에는 양걸침 정석이 수시로 등장할 수밖에 없죠.

본문은 유형별로 이어지며 모두 32개 유형으로 나눴습니다. 보충 학습을 위해 필요에 따라 유형 말미에 '원포인트 레슨'을 넣었고, 입체적 학습을 위해 각 파트의 말미에 '실전 정석활용'을 실었습니다. 마지막으로 '부록'에서는 AI시대를 상징할 만한 정석들을 본문과 연계하며 나열해 눈으로 최신 정석의 흐름을 열람할 수 있도록 배려했습니다.

전반적으로 낮은 단계에서 높은 단계까지 두루 독자의 수준에 맞춰 AI시대를 관통하는 정석의 길잡이로 삼을 수 있도록 체계적이며 실전적이며 흥미롭게 꾸미고자 노력했습니다.


바둑의 신이 있다면 하고 상상했던 세계가 현실이 되었습니다. 우리가 AI로부터 배울 점은 종합적 관점에 의한 대세적 안목과 열린 사고에 의한 창의적 발상입니다. 이 책에는 AI로부터 전수받은 다양한 정석과 변화들이 등장하지만 사실 AI는 정석이란 무엇인지도 모릅니다. 어차피 AI는 말이 없습니다. 오직 계산하고 판에다 실천할 뿐입니다. 전체 국면의 일부분인 정석도 인간의 언어인 만큼 어떻게 활용할지는 전국을 바라보는 여러분의 안목에 달렸겠지요.

더불어 AI시대에 바둑을 즐기면서 실력을 늘리는 비결은 모양에 구애받지 않는 자유자재한 인공지능의 냉정한 계산에 모양을 중시하는 인간의 예술적 열정으로 생명을 불어넣는 조화로운 공존 아닐까요.

이하림

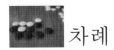

# 차례

## PART 1 ☞ AI시대 대표 정석

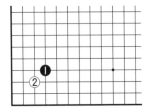
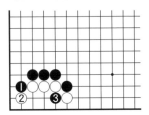
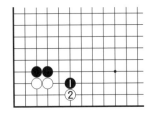
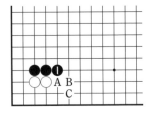
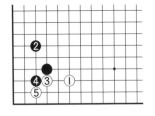
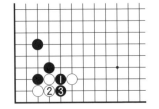
실전 정석활용 • 67

# PART 2 ☞ 벌림 정석 이후의 전략

**7형** 두칸벌림 정석에서 활용

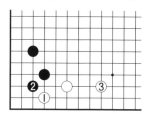

74

**8형** 두칸벌림 정석에서 노림

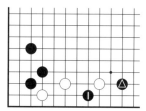

81

**9형** 마늘모붙임 정석에서 변으로 침입

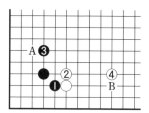

88

**10형** 마늘모붙임 정석에서 변으로 다가섬

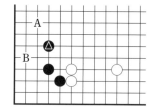

96

**11형** 마늘모붙임 정석에서 귀로 침입

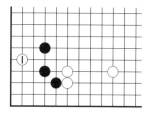

103

**12형** 마늘모붙임 정석에서 주도적 착상

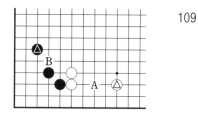

109

**13형** 세칸높은벌림에 침입

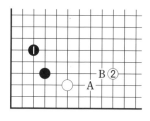

115

**14형** 세칸높은벌림에 붙임

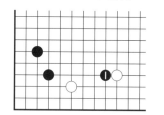

124

실전 정석활용 • 133

# PART 3 ☞ 허허실실 능동형 정석

**15형** 처진 날일자받음

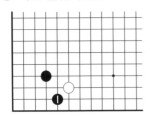

140

**16형** 날일자받음에 껴붙임 – 기본 변화

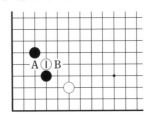

148

**17형** 날일자받음에 껴붙임 – 끼워이음

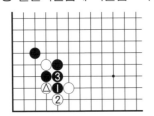

154

**18형** 날일자달림에 배후 공격 – 한칸협공

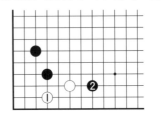

161

**19형** 날일자달림에 배후 공격 – 붙임

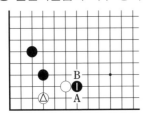

168

실전 정석활용 • 177

# PART 4 ☞ 진화된 위붙임 정석

**20형** 위붙임과 대응수단의 재평가

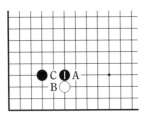

180

**21형** 붙여뻗기 – 귀의 붙임과 마늘모 행마

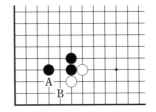

189

**22형** 붙여뻗기 – 3三침입에 연결해주기

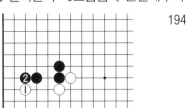

194

**23형** 붙여뻗기 – 3三침입에 차단하기

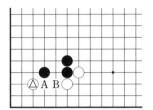

199

**24형** 붙여막기 – 일명 이창호 정석

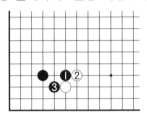

210

## PART 5 ☞ 한칸과 눈목자 받음 정석

**25형** 한칸받음에서 기본 전략

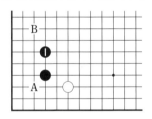

224

**26형** 한칸받음에 들여다보기

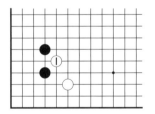

235

**27형** 눈목자받음 – 3三침입의 기본 변화

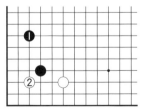

245

**28형** 눈목자받음 – 귀에서 추궁하기

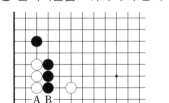

251

# PART 6 ☞ AI 주특기 양걸침 정석

**29형** 화점 양걸침 – 구형 변화와 진단

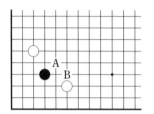

264

**30형** 화점 양걸침 – 능동적인 밀어올림

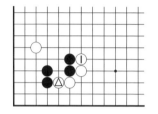

271

**31형** 화점 양걸침 – 최신 귀의 붙임

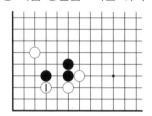

277

**32형** 화점 양걸침 – 진화된 높은 걸침

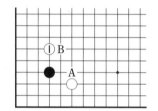

288

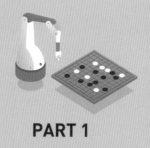

**PART 1**

# AI시대
# 대표 정석

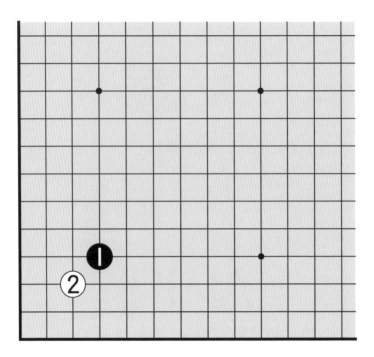

기본형

　흑1의 화점에 백2의 3三침입은 아주 초반에는 강한 세력을 허용한다 해서 상수의 접바둑 전략이 아니면 그동안 금기였다. 그런데 인공지능(AI)이 등장하면서 귀의 정석에서부터 혁명이 일어나 지금은 너도나도 유행을 타고 있다.
　AI는 고정관념을 깨고 발상을 전환했는데 화점 정석의 첫 단추는 가칭 '이른 3三침입'의 기본 전략부터 알아본다.

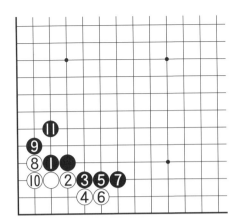

1도

### 1도 (고정관념)

백이 3三에 침입하면 흑1로 막은 후 11까지 정리하는 것이 그동안의 공식이었다.

그러면 흑의 세력이 빛을 발하는데 실은 이 진행에 고정관념이 스며있었다.

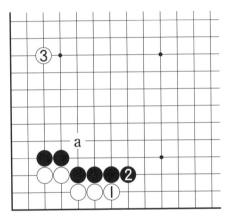

2도

### 2도 (발상의 전환)

앞 그림 흑7 때 백1로 하나 밀어서 귀에 힘을 보탠 후 3 부근에서 흑의 세력을 견제하면 백이 둘만하다는 것이 AI가 알려주는 발상의 전환이었다.

a쪽 활용도 흑의 모양을 무겁게 하는 데 보탬이 된다.

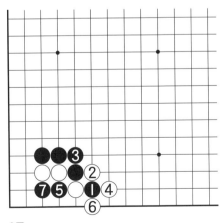

3도

### 3도 (이단젖힘)

1도 백4 다음에 흑1로 이단 젖히면 이하 7까지 바꿔치기가 일어난다. 얼핏 귀에서 두점을 잡은 흑의 실리가 큰 것 같지만, 백도 변에서 선수로 모양을 갖춘 만큼 대등하다. AI시대 실전에 자주 등장하는 대표 정석 중 일순위라고 봐도 좋겠다.

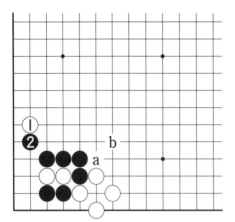

4도

### 4도 (정석 이후)

이 모양에서는 백1의 활용이 귀에 선수로 작용한다. 흑은 2로 수비하는 정도이다.

　변에서는 백이 a로 밀어올리는 것이 두텁고, 흑이 두면 b의 날일자 행마가 경쾌하다.

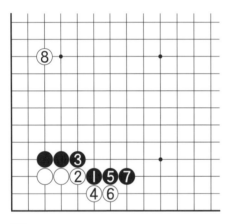

5도

### 5도 (늦춰 받는 경우)

1도 백2 다음 흑1로 늦춰 받을 수 있다. 백2면 흑3으로 틀어막는다.

　다음 백4에 흑5, 7로 늘면 백8로 흑의 세력을 견제해서 충분하다. 2도와 같은 맥락이다.

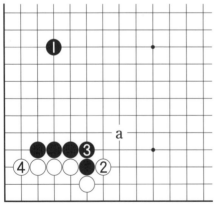

6도

### 6도 (모양을 강화하는 방안)

실전이라면 앞 그림 백4 때 흑은 손을 빼고 큰 곳으로 향하는 것이 흔하다. 자체에서 세력을 살리자면 흑1의 벌림이 효율적이고 백은 2, 4의 수순이 귀의 모양을 강화하는 방법이다.

　이다음 흑이 여기를 두면 a로 폭을 넓히는 것이 좋은 방안이다.

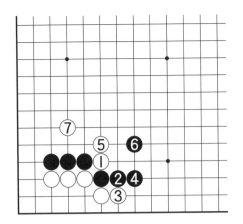

7도

## 7도 (끊어 싸우는 경우)

이 시점에서 흑이 손을 빼는 경우 백은 1로 끊어 싸울 수 있다. 이하 7까지 기억해둘 공방의 수순이다.

언뜻 보면 좌변 흑 석점이 위험한 듯 보이지만~

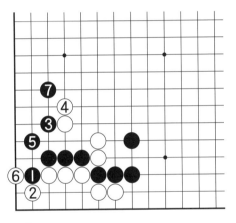

8도

## 8도 (흑의 타개법)

흑은 1로 젖힌 후 3에 붙이면서 타개가 가능하다.

백4로 물러서면 흑5의 호구가 귀에 선수로 작용하며 7로 좌변에 진출하는 진행이 일반적이다.

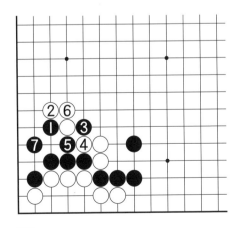

9도

## 9도 (백이 젖히는 경우)

흑1의 붙임에 백2로 젖히면 흑3의 건너붙임이 타개 수단이다.

백4로 차단할 때 흑5, 7의 수비는 필연이며~

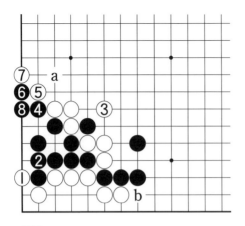

10도

## 10도 (살고 나서의 문제)

백1의 활용 후 3의 장문도 필연인데 흑은 4 이하 8까지 사는 형태가 된다.

그런 다음 살펴보면 좌변에 약점이 남아 당장 백a의 지킴이 급하고 흑b의 막음도 귀의 패맛으로 준선수에 가깝다. 이래저래 백이 개운하지 않아 불만이다.

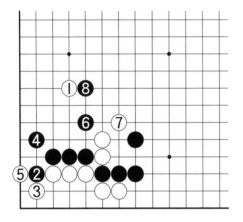

11도

## 11도 (백이 피곤한 싸움)

7도 흑6 때 백1로 멀리서 포위해도 흑은 2, 4의 호구가 언제든지 선수이므로 6, 8로 탈출하기는 어렵지 않다.

오히려 백이 양쪽으로 갈라져서 피곤한 싸움이다.

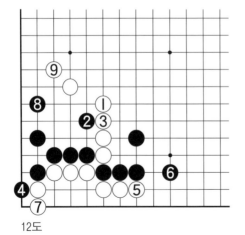

12도

## 12도 (백이 포위하는 경우)

앞 그림 흑4 때 백1로 포위하면 흑2, 4의 젖힘이 근거를 마련하는 탄력적 선수활용이다.

백5, 7로 살아야 할 때 흑8이면 선수 삶이다. 흑은 그동안 하변도 보강되어 불만 없다. 수순 중 백5는 그 자리를 막히면 선수이므로 어쩔 수 없다.

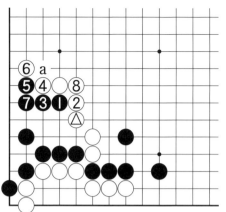

13도

### 13도 (백의 불만)

11도 흑4 때 백△로 더욱 옥죄도 앞 그림처럼 귀의 수순을 거친 후 흑1로 붙이면 이하 8까지 역시 흑이 선수로 살아간다.

백도 두텁지만 a의 단점이 남은 것이 불만이다.

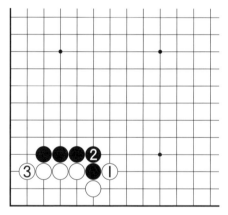

14도

### 14도 (유연한 발상)

백이 직접 싸움을 피하려면 이 시점에서도 1, 3으로 귀를 강화하는 것이 유력하다.

그런 다음 흑 전체를 노리는 것이 실전에서 애용하는 유연한 발상이다.

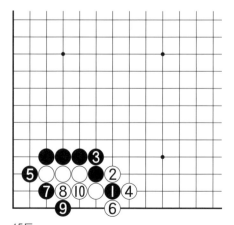

15도

### 15도 (귀의 단점)

흑이 여기를 정리하자면 1의 이단젖힘도 생각할 수 있다. 그러면 백 2, 4로 한점을 잡고 흑은 5 이하 10까지 활용하는 진행이 예상된다. 백이 변에 안정했고 흑의 세력은 귀쪽에 단점이 남아 흑이 주로 두지는 않는다.

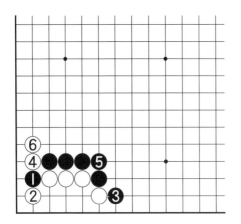

16도

## 16도 (효율적 행마)

여기는 흑1, 3의 수순으로 양쪽을 젖히는 것이 효율적 행마이다.

이때 백의 축이 불리하면 4로 한점을 잡고 흑5로 이을 때 백6으로 나가는 진행이 간명하다. 흑이 약간은 두텁지만 서로 타협하며 어울렸다.

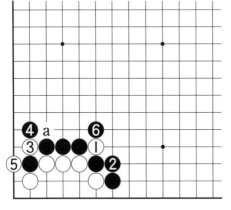

17도

## 17도 (백이 중앙을 끊는 경우)

앞 그림 흑3 때 백1로 끊어 약점을 남긴 후 3으로 잡으면 흑4, 6으로 한점을 잡는 것이 두텁다.

백도 a쪽 약점이나 축머리를 노리며 둘 수 있지만 보통은 이런 중앙 두터움을 피하는 편이 낫다.

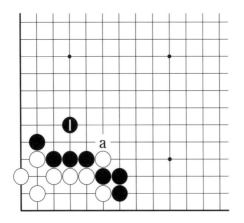

18도

## 18도 (축이 불리할 경우)

만일 a쪽 흑의 축이 불리하다면 흑1로 지키는 것이 보통이다.

흑이 축머리에 대한 부담은 없지만 중앙 백이 움직이는 맛이 생긴 만큼 두터움이 감소된다. 이 진행도 실전에 많이 등장한다.

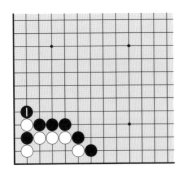

### ▦ 장면

이 장면에서 흑1로 단수치면 백은 어떻게
대응할지 생각해보자.

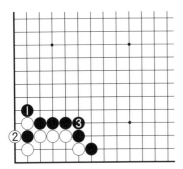

### 1도 (흑, 만족)

흑1에 백2로 받아준다면야 흑3으로 이어
백이 귀에서 봉쇄되었으니 흑의 만족이다.

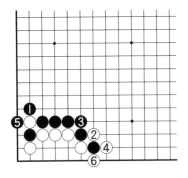

### 2도 (흑, 불리)

흑1에는 백2, 4로 변의 한점을 잡고 반발
한다. 다음 흑5와 백6으로 서로 무난하게
마무리하면 백의 실리가 커서 흑이 불리
하다.

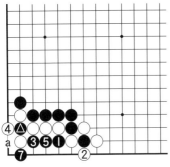

### 3도 (초반무패)

앞 그림 백4 때 흑1, 3으로 조이며 저항하
면 6까지 되고나서 a의 패가 남지만 초반
에는 이를 능가하는 팻감이 없다(이를 '초
반무패'라 함). 귀와 대치한 흑도 이제 보
강하지 않으면 미생마로 전락한다.  ⑥··△

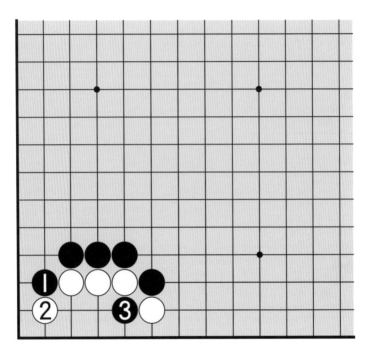

기본형

  흑1로 젖힌 후 3으로 안쪽에서의 끊음은 진화된 수단이
다. 특히 흑의 축이 유리하다면 효과적인데 백의 대응에 따
라 변화도 많다. 이중에서도 가장 많이 등장하는 기본적인
변화에 치중해서 알아본다.

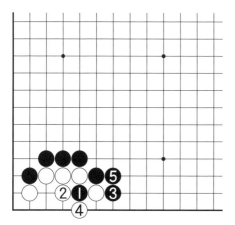

1도

## 1도 (백의 간명책)

흑1로 끊을 때 백2로 잡으면 간명하다. 흑은 3, 5로 외곽을 두텁게 정비하겠다는 뜻이다.

　상황에 따라 서로 둘 수 있지만 부분적으로는 흑이 두텁다.

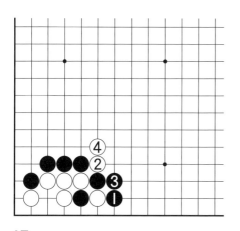

2도

## 2도 (싸우는 경우)

흑1의 단수에 백2, 4로 늘어 싸울 수 있다. 백이 중앙 두터움을 주기 싫으면 이렇게 둔다.

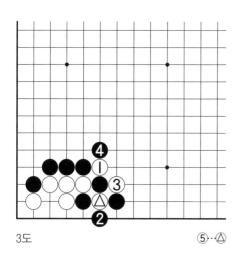

3도　　　　　　　⑤‥△

## 3도 (회심의 노림)

백1로 끊을 때 흑2의 반발도 생각할 수 있다. 백3의 단수는 기세이며 흑4로 패를 하는 것이 회심의 노림이다.

　흑은 효과적인 팻감 유무에 따라 유력한 선택이지만 초반이라면 이를 능가하는 팻감이 있을지 의문이다.

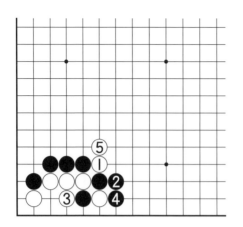

4도

## 4도 (패가 두려울 경우)

처음으로 돌아가서, 백이 패가 두려우면 1로 먼저 끊고 3에 단수쳐 수순을 바꿀 수 있다. 그러면 흑4와 백5로 결과는 2도와 같다.

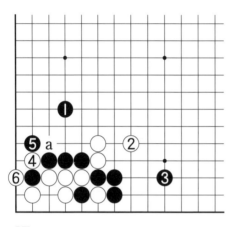

5도

## 5도 (흑, 불리)

이다음 흑1의 지킴이 모양상 그럴 듯하지만 백2로 정비한 후 4, 6으로 한점을 잡으면 a의 끊음까지 남아 흑이 불리한 흐름이다.

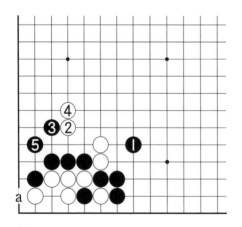

6도

## 6도 (주도적 발상)

4도 다음 흑은 1로 하변에서 중앙 백을 추격하는 것이 주도적 발상이다. 백2로 포위하면 좌변 흑이 몰리는 듯하지만 3, 5로 모양을 갖출 수 있다. 다음 흑a로 젖히면 귀의 백이 위험하므로~

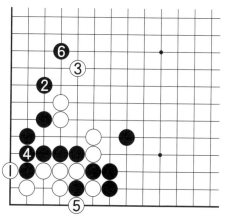

7도

### 7도 (흑이 순조로운 흐름)

백1로 지켜야 하는데 흑2로 변의 진출은 어렵지 않다.

백3으로 모양을 정비하면 흑4로 모양의 약점을 없앤 후 6으로 동행하며 자연스럽게 근거를 확장해서 흑이 순조로운 흐름이다.

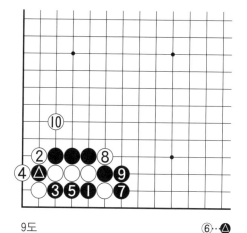

8도

### 8도 (효율적 벌림)

흑1에는 백도 2의 뜀이 유연하다. 이때 흑은 a의 호구가 귀에 선수이므로 3으로 넓게 벌리는 것이 효율적이다. 백4로 한쪽을 잡으면 이제는 흑5로 지켜두는 것이 확실하다. 다음 백6으로 협공해서 싸우는 흐름이 예상된다.

### 9도 (귀쪽 한점을 잡는 변화)

되돌아가서 흑1로 끊을 때 귀쪽에서 백2로 한점을 잡는 것도 가능하다.

흑은 3, 5로 돌려친 후 7로 한점을 잡고 백은 8로 끊어놓고 10으로 변에 진출하는 것이 자주 나오는 변화이다.

9도

⑥‥ ▲

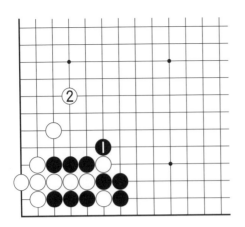

10도

### 10도 (축이 유리한 경우)

이다음 흑은 축이 유리할 경우 1로 한점을 잡는 것이 두텁다.

백은 급한 곳이 없다면 2의 날일자 보강이 무난하다. 백2로 높게 둔 것은 흑의 두터움을 의식한 행마이다.

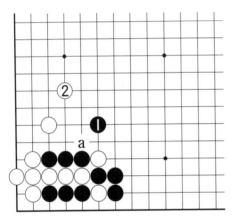

11도

### 11도 (축이 불리한 경우)

만일 흑의 축이 불리하면 1로 비스듬히 두는 것이 적절한 행마이다. a의 맛은 남지만 흑도 축머리의 부담이 없어 앞 그림과는 일장일단이 있는데, 그래도 두터움을 생각한다면 앞 그림이 조금이라도 낫다.

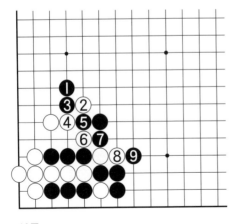

12도

### 12도 (밭전자를 가르는 경우)

이 정석에서 만일 백이 마지막 좌변 수비를 하지 않으면 흑1의 밭전자 포위가 응징수단이다.

백2로 밭전자를 가르면 흑3, 5로 차단할 때 백6으로 끊겠다는 뜻도 있는데 흑7, 9의 축이 문제이다. 물론 축이 흑쪽에 유리하면 백이 망한 결과이다.

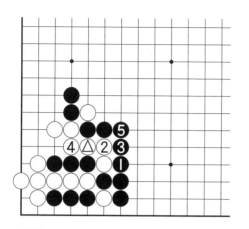

13도

### 13도 (흑의 축이 불리한 경우)

백△ 때 흑은 축이 불리해도 1, 3
으로 틀어막고 5까지 두텁게 정비
할 수 있다.

　백은 선수로 석점을 잡고 안정
했지만 흑의 세력을 어떻게 견제
할지가 앞으로의 과제가 되었다.

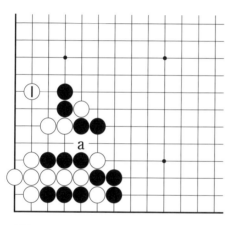

14도

### 14도 (백의 축이 불리한 경우)

백은 축이 불리할 경우 12도 흑5
때 백1로 지키는 것도 간명하다.
a쪽 단점은 차후에 노리겠다는 뜻
이다.

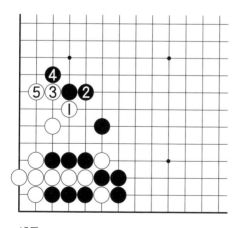

15도

### 15도 (간명한 대응)

만일 백이 중앙 두터움을 의식한
다면 1로 붙인 후 5까지 안정하는
것이 복잡한 변화를 피하는 간명
한 대응이다. 물론 백의 후수이므
로 주도권은 흑이 가지고있다.

　수순 중 흑2로는 3에 내려서서
싸울 수도 있는데 상황에 따른 편
법이다.

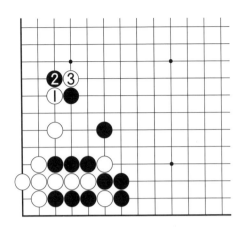

16도

## 16도 (맞끊는 경우)

백이 곤궁한 처지에서 활발하게 풀어가고 싶다면 1, 3으로 맞끊는 것이 예로부터 많이 두던 고급수단이었다.

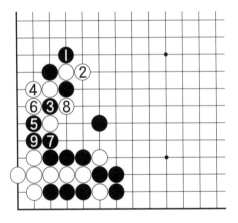

17도

## 17도 (바꿔치기)

이다음 흑1, 3의 단수는 귀와 연관된 효과적인 활용이며 5로 젖힌 후 9까지 바꿔치기가 AI가 추천하는 변화이다.

귀의 실리가 크지만 백도 선수이고 중앙이 열리면서 좌변이 활발하므로 균형이 잡힌 모습이다.

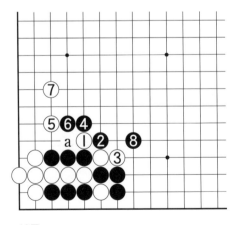

18도

## 18도 (백의 일책)

9도 흑9 때 축이 불리한 경우 백1의 젖힘도 일책이다. 흑2, 4로 몰 때 자연스럽게 백5로 진출한다. 흑의 행마법은 몇 갈래 있겠지만 6, 8로 중앙을 압박하면 간명하다. 흑a가 좌변에 거의 선수이므로 중앙이 제압된 모양이며 백도 선수로 정비했으므로 불만 없다.

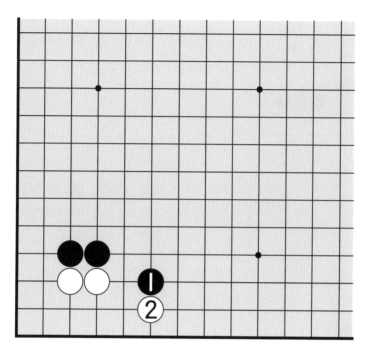

# 3형 이른 3드침입 – 싸움을 예고하는 붙임

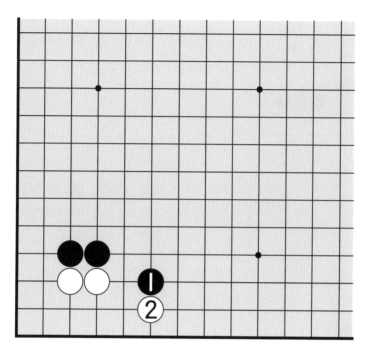

기본형

흑1의 날일자로 백의 길목을 가로막을 때 백2로 붙이면 복잡한 변화를 예고한다. 흑이 간명한 대응도 있지만 보통은 굴복이 되므로 이 유형에서는 서로 싸움을 피할 수 없다. 변화에 따라서는 파란만장한 확전이 펼쳐지기도 하는데 특히 기억해둘 주요 변화에 대해서 알아본다.

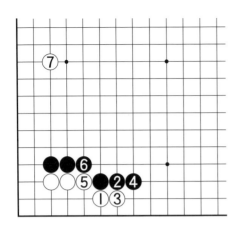

1도

### 1도 (백의 의도)

백1로 붙여 응수를 물어볼 때 흑2로 물러서고 7까지 되면 간명하지만 이 진행은 백의 의도이다.

백이 실리를 차지하고 흑의 세력을 견제해서 충분하다.

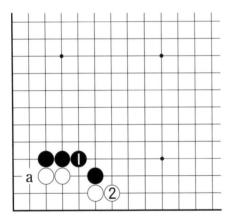

2도

### 2도 (싸움을 피하는 경우)

이제라도 흑이 싸움을 피하고자 한다면 1로 늘어 연결하고 백2를 유도한다.

다음 흑이 a의 젖힘을 노리면서 두면 간명한데 이 유형에서는 보통 이런 식으로 점잖게 두지는 않는다.

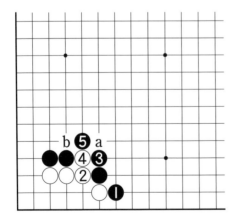

3도

### 3도 (싸움의 수순)

흑1로 막고 3으로 늦추며 백의 외부 진출을 차단하는 것이 본격 싸움의 수순이다.

백4에는 흑5로 일단 막고 본다. 다음 백은 a와 b로 끊는 선택이 기다린다.

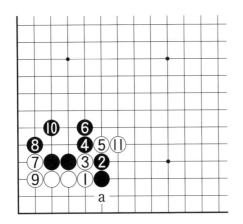

4도

### 4도 (붙이지 않는 경우)

그 전에 백이 a로 붙이지 않고 1에 둘 때 흑2로 올라서는 변화도 간단히 알아보자.

이때는 백3, 5로 끊는 것이 간명하다. 흑6으로 늘 때 백7, 9의 젖혀이음을 선수한 후 11로 움직인다.

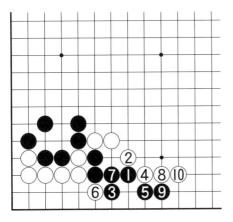

5도

### 5도 (필연)

이다음 흑1로 한칸 벌리는 정도인데 백2의 붙임이 급소이다.

흑3의 호구로 견딜 때 백4, 6이 수순의 묘이고 10까지 필연이다.

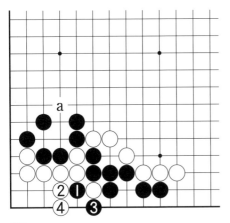

6도

### 6도 (백, 두터움)

계속해서 흑1, 3으로 한점 잡는 것이 선수이지만 백은 a의 활용이 남고 하변 모양이 두터워서 만족이다.

수순 중 백4로 사는 것은 귀가 빅의 여지는 있지만 하변 흑에 활용을 남기기 위함이다.

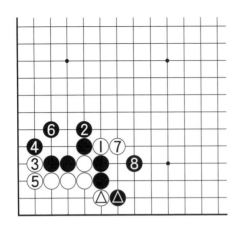

7도

## 7도 (비교)

이제 3도로 돌아가서 백△, 흑▲로 교환되어 있는 경우와 비교해 보자.

4도처럼 백1로 끊고 이하 7로 늘면 이번에는 흑이 8로 높게 뛰는 모양을 갖출 수 있다.

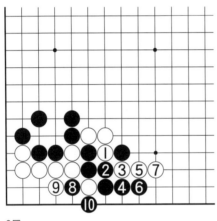

8도

## 8도 (끊을 때의 대처)

이다음 백1, 3으로 끊을 때가 문제인데 흑4, 6으로 밀어두고 8, 10으로 한점을 잡는다. 흑이 눌리는 것 같지만~

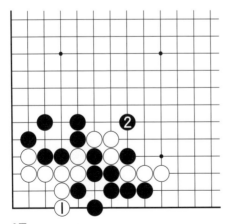

9도

## 9도 (급소 씌움)

백1로 살아야 할 때 흑2로 씌우는 것이 모양의 급소이다.

다음 백이 어떻게 대응해도 흑은 좌변부터 중앙으로 이어지는 두터움을 형성해서 만족이다.

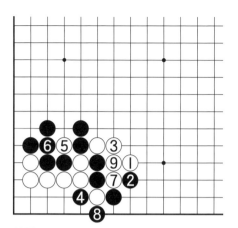

10도

### 10도 (씌움이 모양의 요소)

7도 흑6 때 백도 1의 씌움이 모양의 요소이다. 흑2에 지키면 이제 백3으로 늘어 버틸 수 있다.

이때는 흑도 4로 한점을 잡는 것이 최선인데 백5는 적시의 단수이며 7, 9로 몰아가는 것이 연관된 수순이다.

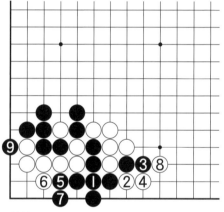

11도

### 11도 (백의 선수)

이다음 흑1로 잇고 백2, 4로 몰고 나갈 때 흑은 5로 귀에 들어가서 9까지 수상전에서 1수 승이다.

그동안 백도 하변에서 두점을 잡아 두텁고 선수인 것이 위안이다. 흑이 실리는 크지만 후수인 것이 약간 아쉬운 결말이다.

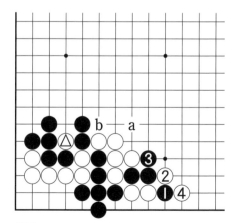

12도

### 12도 (끈질긴 젖힘)

앞 그림 백4 때 흑1의 젖힘이 끈질긴 수이다.

백2, 4로 한점을 잡을 때 흑이 a로 씌우지 못하는 것은 백이 ◎의 활용 덕분으로 b로 나갈 수 있기 때문이다.

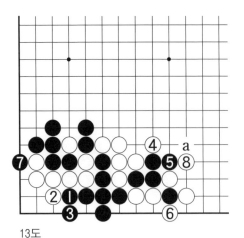

13도

### 13도 (흑의 선수)

이다음 흑은 1, 3으로 귀의 백을 잡으려가는 것이 간명하다. 백4, 6에 흑7의 손질이 절대이고 백8의 축으로 넉점을 잡는 데까지 일단락이다. 하변의 덩치가 커졌지만 이번에는 흑이 선수이고 축머리도 이용할 수 있어 충분하다.

백은 축이 불리하면 8로 a의 장문이 가능하지만 대신 모양에 이런저런 활용이 남아 불편하다.

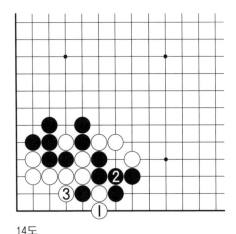

14도

### 14도 (백, 유리)

10도 흑6 때 백1로 키우면 어떨까. 이때 흑2로 이으면 백3으로 한점을 잡아 일단 귀의 실리가 크고 중앙도 양쪽 변의 흑진을 제어하고 있어 백이 유리한 흐름이다.

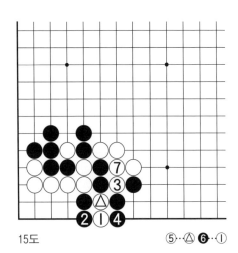

15도　　　　⑤‥△ ❻‥①

### 15도 (조임)

백1에는 흑2로 잡고 볼 일이다. 백은 3 이하 7의 단수 조임이 숨은 목적이지만 흑은 하자는 대로 따라가고 나서~

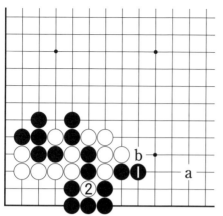

16도

## 16도 (흑, 만족)

흑은 잇지 않고 1로 나가는 것이
핵심이다.

그러면 백2로 두점을 잡더라도
연결만 했을 뿐 백 전체가 완생도
아니다. 흑은 상황에 따라 a쪽 벌
림이나 b쪽 압박을 선택해서 만족
이다.

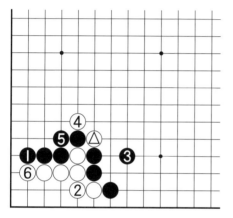

17도

## 17도 (단수 한방)

거슬러 올라가 백△ 때 흑1로 먼
저 귀를 엿보면 백2의 이음을 선
수한 후 4의 단수 한방이 기분 좋
다. 그리고 백6으로 귀를 막으면
흑이 힘에서 눌린 모양이라 불리
한 흐름이다.

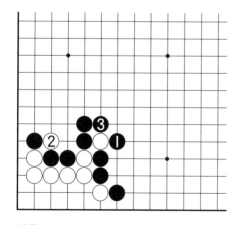

18도

## 18도 (흑, 두터움)

흑이 13도와 같은 복잡한 변화를
피하고 싶고 축이 유리하다면 이
시점(7도 백5 때) 흑1로 몰면 간
명하다.

좌변은 백2로 끊기지만 흑3으
로 가일수해서 두터운 결말이다.

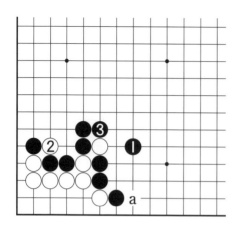

19도

### 19도 (축이 불리한 경우)

흑의 축이 불리하면 1로 비스듬히 포위한 다음 백2에 흑3으로 한점을 제압하는 것이 간명한 대응이다. 이 경우에는 a의 맛이 남아 백도 상황에 따라 둘만하다.

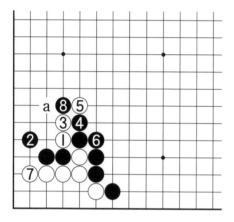

20도

### 20도 (진화된 끊음)

3도 다음 백1로 왼쪽 끊음이 AI 시대에 진화된 수단이다. 흑2의 마늘모가 행마의 요령이고 백은 3, 5로 흑의 외곽을 노린다. 흑6으로 약점을 이으면 백7의 지킴과 흑8의 끊음은 당연하다. 다음 백a의 단수는 몇 발짝 나가지 못하고 두터움만 허용할 뿐이므로~

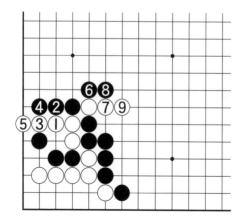

21도

### 21도 (서로 싸울 수 있다)

백1로 나가는 편이 자연스럽다. 그러면 흑2, 4로 사석작전을 펼치며 변을 틀어막을 수 있지만 백도 흑의 허리를 끊은 형태여서 9까지 싸울 수 있다.

물론 백이 실리를 취한 만큼 중앙은 흑이 주도하는 흐름이다.

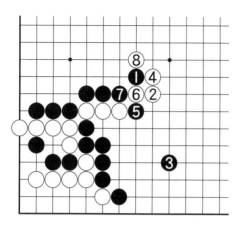

22도

### 22도 (피장파장)

이후 많이 나왔던 변화 하나를 살펴보자. 중앙에서 흑1과 백2로 경합하고 나서 흑3의 하변 보강은 행마의 리듬이다.

백4는 요소이고 흑5는 건너붙임의 맥으로 백의 요석 석점을 잡을 수 있지만 백도 8의 단수 한방이 두터워 피장파장이다.

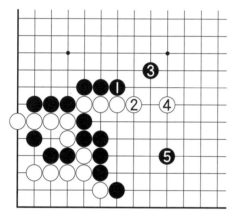

23도

### 23도 (흑의 변화)

21도 다음 흑이 좌변을 더욱 강하게 두고 싶다면 1로 한번 더 밀고 3으로 확장한다.

백도 덩치가 커지므로 4의 뜀이 안전하고 흑5로 보강하는 흐름이 자연스럽다.

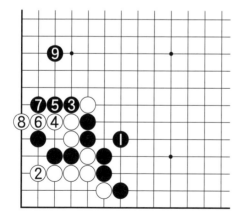

24도

### 24도 (호구 지킴의 경우)

20도 백5 때 흑1의 호구도 탄력적인 지킴으로 많이 둔다.

이하 8까지는 필연이며 이런 형태에서는 흑9로 가만히 벌리는 것이 안전한 행마이다.

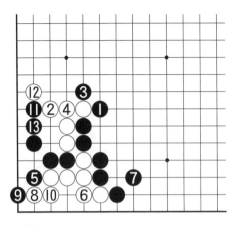

25도

### 25도 (능동적 방어)

20도 백5 때 흑1의 젖힘은 능동적 방어인데 복잡한 길로 들어서므로 간명한 정석을 원한다면 피하는 편이 좋다.

백2도 효율적 대응이고 흑3의 단수활용 다음 5 이하 13까지는 서로 수상전을 대비해서 수를 늘리는 외길 수순으로 기억해둔다.

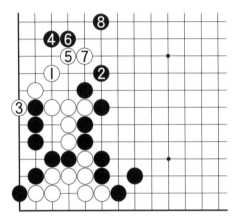

26도

### 26도 (백, 불리)

이다음 백1로 단순히 지키면 흑도 2로 중앙의 두터운 요소를 지킨다. 이러면 같은 지킴이라도 영향력에서 큰 차이가 난다. 백3이면 수상전에서 이길 수 있지만 흑4로 협공해서 8까지 포위하면 백이 난처하다. 백이 좌변 흑을 놓고 따낸다면 아주 불리하다.

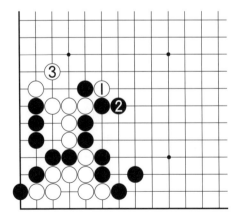

27도

### 27도 (올바른 수순)

25도 다음 백은 1의 끊음을 선수하고 나서 3으로 지키는 것이 올바른 수순이다.

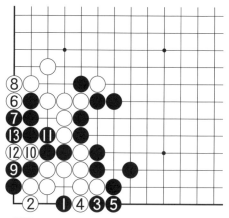
28도

## 28도 (빅의 수순)

이다음 흑1로 치중한 후 13까지
는 수상전에서 빅을 만드는 외길
수순이다.

이때 백10의 먹여침은 수를 조
이는 맥점으로 기억해둔다.

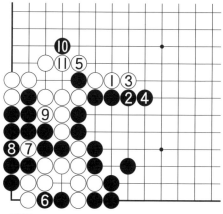
29도

## 29도 (두터움의 활용이 관건)

계속해서 백1, 3으로 눌러놓고 5
로 한점을 잡으면 일단락이다. 이
때 흑은 6, 8로 조이며 백9를 유
도해서 흑10을 활용할 수 있다.

이 결과는 서로의 두터움을 어
떻게 활용하느냐가 관건이다.

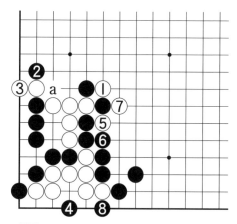
30도

## 30도 (꺼붙임 이후의 타협)

백1 때 흑2로 꺼붙여 변화를 구할
수 있다. 백3에 차단하면 이제 흑
4로 잡으러가는데 백5, 7로 중앙
을 관통하고 흑8로 가일수해서 바
꿔치기 양상이다.

흑은 실리를 차지하고 a쪽 활용
이 남아 백의 두터움에 대항하겠
다는 판단이다. 백도 선수이므로
어느 정도 타협된 결과이다. 어쨌
든 25도에서 비롯된 변화는 복잡
하므로 핵심만 알아둔다.

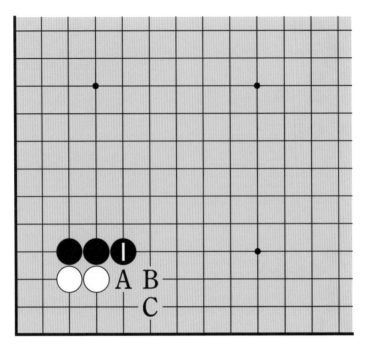

기본형

이 시점에서 흑1로 늘어가는 수도 많이 사용한다. 흑은 두텁게 두면서 복잡한 변화를 피하려는 뜻도 있다. 백은 A ~C의 응수가 보통인데 A의 경우는 앞에서 나오지 않았던 변화를 간략히 다루고, 여기서는 주로 B와 C의 선택에 따라 어떤 변화가 이루어지는지 알아본다.

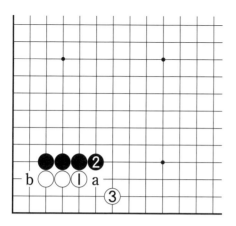

1도

### 1도 (실리와 세력 대결)

백1로 미는 경우에 흑a로 젖히면 1형에서 보았던 모양과 같다. 만일 흑2로 또 늘면 백3의 날일자 행마가 산뜻하다. 이제는 흑도 b의 젖힘으로 후속 전략을 세울 수 없는 만큼 오직 세력으로 대항하는 진행이다. 백의 실리가 견실하므로 상황에 따른 흑의 선택이다.

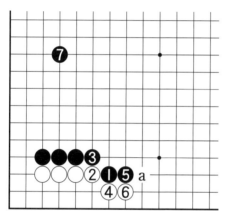

2도

### 2도 (흑의 날일자 행마)

이 시점에서도 흑1의 날일자 행마는 둘 수 있는데 백2, 4에 흑5로 하나만 늘고 백6 때 손을 빼고 세력을 활용하는 것이 효과적이다.

이를테면 흑7로 세력을 넓힐 수 있다. 상황에 따라 흑7은 a로 또 늘 수 있지만 부분만 생각하면 발이 늦다.

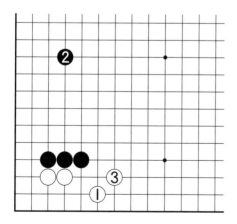

3도

### 3도 (백의 날일자 행마)

처음부터 백1의 날일자 행마가 간명한데 AI시대에 가장 많이 등장한다. 흑은 보통 손을 빼고 세력으로 활용하는데 부분적으로는 2의 벌림도 그 일환이다. 백도 이곳을 둔다면 3의 마늘모가 요처이며 초반이라 손을 뺀다면 기회를 타서 흑이 그곳을 눌러갈 수 있다.

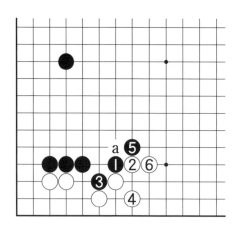

4도

### 4도 (정석 이후)

정석 이후 흑이 중앙을 넓히려면 1로 붙인 후 6까지의 수순을 기억해둔다.

흑의 모양에는 a의 단점이 남지만 백도 함부로 건드리면 귀에 패맛이 생겨 이대로 놔두는 것이 현명하다.

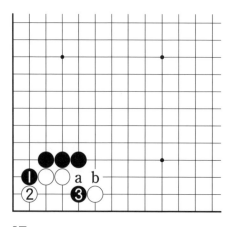

5도

### 5도 (젖히고 건너붙임)

이 시점에서 흑이 귀를 공략한다면 1로 젖힌 후 3으로 건너붙일 수 있다.

이때 백a로 차단하면 흑b로 끊어 2형의 기본형으로 돌아간다.

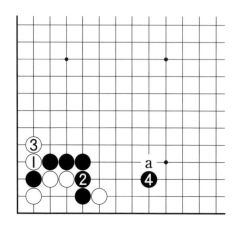

6도

### 6도 (한점을 잡는 경우)

이다음 백1로 한점을 잡으면 흑2로 잇고 백3으로 나가는 변화가 자연스럽다.

다음 흑4(또는 a)로 벌리면 정석이 일단락된다.

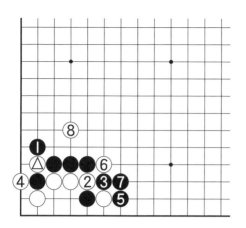

7도

## 7도 (흑의 과욕)

백△에 흑1의 단수는 과욕이다. 백은 2로 나간 후 4로 잡는 것이 수순의 묘이다.

흑5로 한점을 잡을 때 백6에 끊은 후 8의 치중이면 좌변 흑이 궁지에 몰린다.

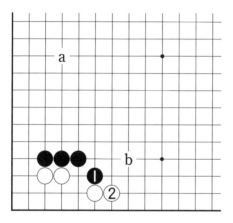

8도

## 8도 (마늘모붙임)

흑이 변에서 압박한다면 1의 마늘모붙임이 유력하며 백은 2로 늘면 간명하다.

다음 흑이 모양만을 키운다면 상황에 따라 a쪽 벌림이나 b의 날일자 중앙 진출을 선택할 수 있다.

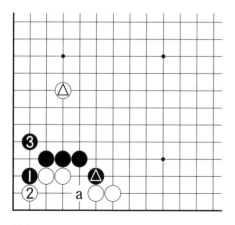

9도

## 9도 (탄력적 호구)

이다음 흑이 손을 빼고 백△로 다가와 이곳에서 싸움이 벌어진다면 흑1, 3의 호구가 귀에 선수로 작용한다(백이 받지 않으면 흑a의 젖힘이 있다). 흑은 ▲ 덕분에 탄력적 모양을 갖추며 싸움에 대비할 수 있다.

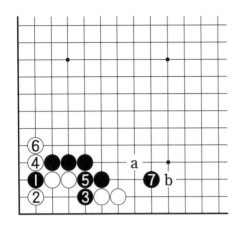

10도

### 10도 (활용하는 맛)

8도 다음 흑1, 3으로 귀를 공략하면 7까지의 변화가 일어난다.

이 모양에서는 하변 흑의 진영에 백이 a나 b로 활용하는 맛이 남는데 흑이 이를 피하려면 5도의 수순이 간명하다.

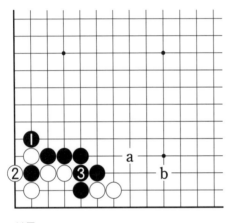

11도

### 11도 (먼저 단수치는 경우)

앞 그림 백4 때 흑1로 먼저 단수치면 어떨까.

백2로 잡으면 흑3에 이어 양쪽을 처리한다는 뜻인데, 하변 백이 상황에 따라 a나 b로 정비하면 서로 어울린 진행이다.

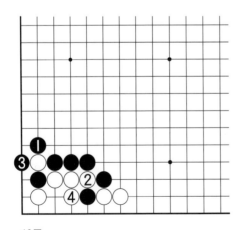

12도

### 12도 (백이 끊는 경우)

흑1에 백은 2로 끊어 반발할 수 있다. 흑3으로 잡을 때 백4로 지키면 서로 간명하다.

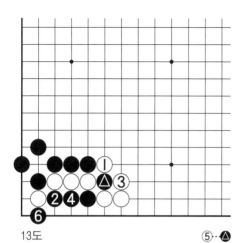

13도

⑤‥⚫

### 13도 (두터운 우형)

앞 그림 흑3 때 백1이 허를 찌르는 단수이다.

흑2, 4로 돌려치고 6으로 잡으면 귀를 차지하지만 실리가 생각보다 크지 않고 후수이며 백은 우형인 듯해도 두터워서 확장 가능성이 높다.

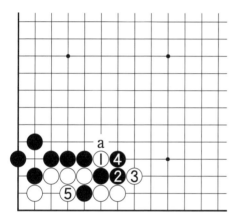

14도

### 14도 (백의 노림)

백1에는 흑2로 나가는 것이 기세인데, 그러면 백3으로 단수친 후 5로 지킨다.

이 진행은 백a의 나가는 맛이 남은 만큼 흑도 a로 따내면 두텁지만 후수를 감안해야 한다. 이런 백의 반발을 피하려면 11도 흑1의 단수를 삼가해야 한다.

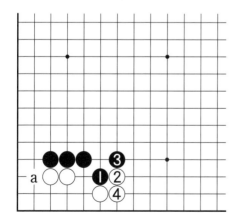

15도

### 15도 (백의 젖힘)

거슬러 올라가 흑1에 백2의 젖힘은 이곳을 확실하게 정리하려는 뜻이 있다. 흑3에 백4의 이음이면 간명하다.

이후 흑은 a로 귀의 젖힘은 노릴 수 없지만 중앙은 약간 강화되어 8도와는 일장일단이 있다.

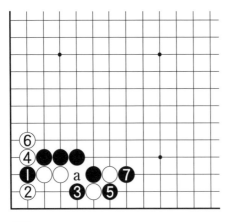

16도

## 16도 (바꿔치기)

앞 그림 백2 때 흑의 축이 유리하면 1, 3으로 일련의 젖힘이 백진을 파고드는 효과적인 수단이다.

백이 a로 끊을 수 없다면 4 이하 7까지 자연스럽게 바꿔치기가 일어난다. 백이 좌변에 진출한 대신 흑은 하변이 두터워 후수이지만 불만 없다.

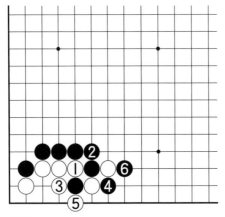

17도

## 17도 (백, 불리)

앞 그림 흑3 때 백1, 3으로 잡고 흑4, 6으로 한점을 축으로 잡으면 흑이 두터워지니 백이 불리하다.

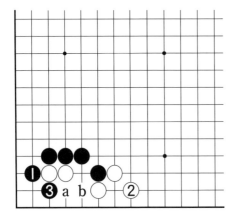

18도

## 18도 (탄력적 대응)

백이 16도 흑의 두터움을 주기 싫다면 흑1 때 백2의 탄력적 대응도 일책이다.

다음 흑3에 백a는 흑b로 백이 눌리며, 흑3에 백b는 굴복이므로 이 상태에서 백은 손을 빼고 두는 것이 현명하다.

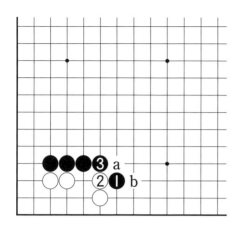

19도

## 19도 (날일자 압박)

좀 느슨하지만 흑1의 날일자 압박도 상황에 따라 쓰인다.

백은 손을 빼거나 2와 3 다음 a와 b의 수단을 선택할 수 있다. 또는 2와 3 다음 백이 손을 빼기도 한다.

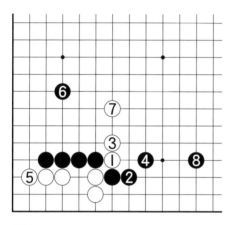

20도

## 20도 (끊어 싸우는 경우)

백1로 끊어 싸우는 경우에는 흑2로 늘고 나서 8까지 AI가 추천하는 변화이다.

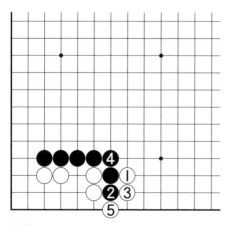

21도

## 21도 (붙이는 경우)

백1의 붙임은 주변 상황에 따라 두는 수인데 흑2에 백3, 5로 넘어가는 모양이라면 백이 엷어서 당한 결과이다.

초반에는 흑2에 백이 4로 끊을 수 있어야만 이렇게 둘 수 있다.

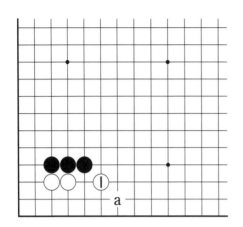

22도

### 22도 (한칸 뛰는 경우)

처음으로 돌아와서 백1로 한칸 뛰는 수는 축이 유리할 때 사용하는 행마이다.

　흑은 손을 빼거나 축머리에 둘 수 있는데 어느 경우이든 백은 a로 지켜두는 것이 급선무이다.

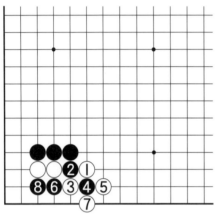

23도

### 23도 (기본 정석)

백1에 흑2, 4로 변쪽에서 끊으면 이하 8까지 필연이다.

　이 결과는 1형에서도 배웠던 AI시대의 기본 정석이다.

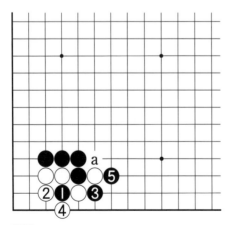

24도

### 24도 (축 문제)

흑1로 귀쪽에서 끊으면 백2로 한 점을 잡을 때 흑3, 5의 축이 문제가 된다.

　지금은 축이 백한테 유리한 전제가 있어 a로 나갈 수 있으므로 흑이 불리하다.

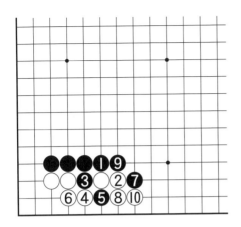

25도

## 25도 (타협)

흑은 축이 불리하다면 1로 밀고 3, 5로 나와끊을 수 있다.

백6에 이을 때 흑7의 붙임이 급소이다. 백8, 10으로 물러서서 타협이 이루어지는데 흑은 세력 활용이 앞으로의 과제이다.

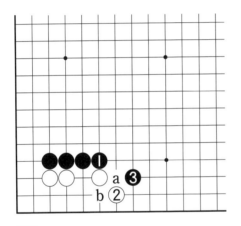

26도

## 26도 (마늘모 행마)

흑1에 밀 때 백2의 마늘모 행마도 일책이다.

흑3으로 눌러 가면 여기서 백은 손을 빼고 두는 것이 보통이다. 이곳은 흑a에 백b로 보면 된다.

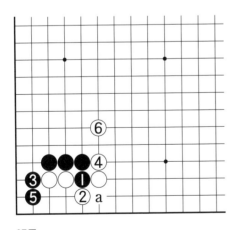

27도

## 27도 (흑의 일책)

상황에 따라서는 흑1, 3의 귀쪽 젖힘도 일책이다. 그러면 6까지의 변화도 정석으로 기억해둔다.

수순 중 흑3에 백5로 막는 것은 흑a로 끊겨 축과 관계없이 백이 불리하다.

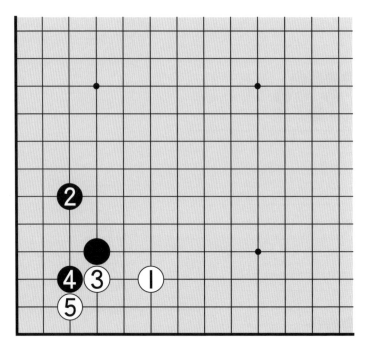

기본형

　화점에서 백1의 날일자걸침은 AI시대라 해도 불변의 진리이다. 흑2의 날일자받음은 가장 견실하다. 여기서 백3, 5의 붙이고 젖힘이 AI가 즐겨 쓰는 수단이다. 치열하게 두면서 귀를 확실하게 정리하려는 뜻이 있다.

　이 과정에서 흑이 선택할 수 있는 두 갈래 길이 나오는데 여기서는 그중 하나의 길에 대해 알아본다.

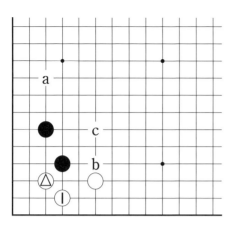

1도

## 1도 (날일자달림의 허점)

그동안 국민정석이었던 백1의 날일자달림을 AI시대에는 거의 두지 않는다. 이다음 백△에 들어와도 그때 흑이 a로 벌려도 좋고 다시 손을 빼서 백이 a쪽에 협공하더라도 흑b나 c로 타개가 가능하다. 백1의 낮은 자세로 인해 흑 모양에 탄력이 생겼기 때문이다.

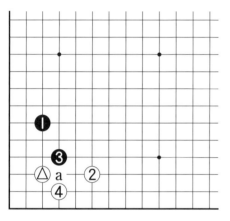

2도

## 2도 (백이 불리한 근거)

바둑에서 '수나누기'란 어떤 모양의 좋고 나쁨을 상식적인 수순을 통해 판단하는 것이다. 가령 백△의 3三에서 흑1과 백2 다음 흑3에 백은 a가 당연한데 4로 물러선 것이 앞 그림과 같지 않은가. 앞 그림 백이 불리한 근거는 이처럼 수나누기를 해보면 쉽게 알 수 있다.

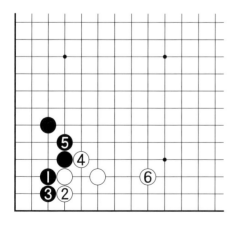

3도

## 3도 (흑, 만족)

5형의 주제로 돌아와서 흑1에 백2로 늘면 흑3으로 막아 귀를 차지한 흑의 만족이다. 백은 4, 6으로 안정하지만 집으로 불리하다.

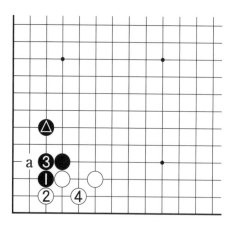

4도

### 4도 (인식의 전환)

흑1에 백도 2의 젖힘이 정수이다. 흑3에 잇고 백4의 양호구로 지키면 예전에 많이 두던 정석인데, 지금은 흑▲가 좁다는 인식이 있어 흑이 단독으로는 거의 두지 않는다. 흑3 대신 a의 호구로 탄력을 주는 편법도 있지만 모두 상황에 따른 정석으로 기억해둔다.

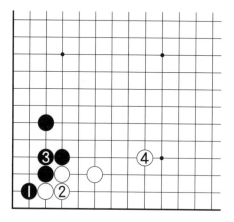

5도

### 5도 (이단젖힘)

흑1의 이단젖힘은 4도에서 보완된 수단인데 귀를 강화하면서 백의 단단한 양호구 모양을 주지않겠다는 뜻이다.

　서로 백2와 흑3으로 이으면 간명한데, 백은 하변 상황에 따라 4로 높게 활용하는 경우가 많다.

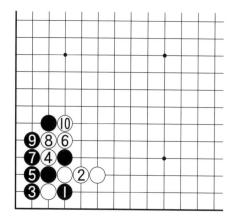

6도

### 6도 (백, 두터움)

4도 백2 때 흑1, 3으로 한점을 잡는 것은 좋지 않다.

　백4, 6으로 몰며 10까지 눌러가면 백이 두터운 결과이다.

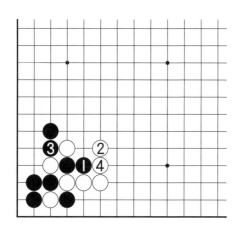

7도

## 7도 (두텁게 조임)

설사 축이 유리해서 흑1로 나가려 하면 백2로 씌워서 4로 조이기만 해도 백은 두터움으로 우위에 설 수 있다.

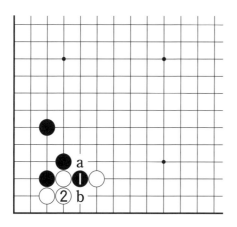

8도

## 8도 (본격 행마)

여기는 흑1로 위에서 단수쳐서 백2로 잇게 하는 것이 AI시대의 본격 행마이다.

흑은 a의 이음과 b의 관통이라는 두 갈래 길이 있는데 이번 유형에서는 잇는 수를 다룬다.

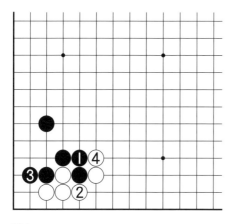

9도

## 9도 (잇는 경우)

흑1로 잇고 백2로 넘을 때 흑3으로 내려서면 무난하다.

백은 4로 밀어올리는 것이 힘을 비축하는 요점이며 서로 어울린 결과이다. 이 진행도 AI시대의 대표 정석이다.

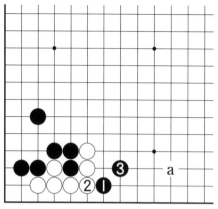

10도

## 10도 (압박)

이때 흑1로 들여다보는 것이 이곳에서 국면을 이끌어가는 하나의 요령이다. 만일 백2로 이으면 흑3으로 백 전체를 미생으로 압박할 수 있다.

이 진행은 백도 a쪽 협공으로 버틸 수 있으므로~

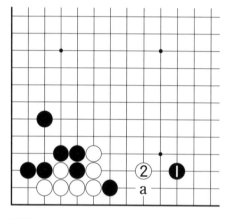

11도

## 11도 (유연한 벌림)

상황에 따라 흑1로 벌려 멀리서 백을 노리며 유연하게 둘 수도 있다. 백2로 차단해도 흑은 a로 붙이며 넘어가는 맛이 있다.

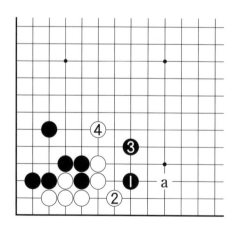

12도

## 12도 (백, 안형 마련)

흑이 순서를 바꿔 그냥 1로 접근한다면 백은 2로 안형을 마련하며 a쪽 진출을 엿볼 수 있다.

이제는 흑3에 몰아도 백4로 진출하면 흑의 압박하는 효력이 약하다. 백이 견실한 만큼 좌우 흑이 시달릴 공산도 크다.

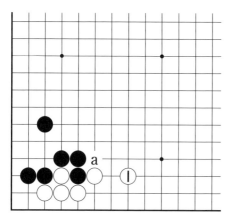

13도

## 13도 (경우에 따른 선택)

백이 이곳에서의 변화를 피해 안정적으로 두자면 a로 밀어올리는 대신 1로 변에서 근거를 마련할 수 있다.

다만 초반에는 힘의 균형이 우선이므로 백1은 경우에 따른 선택이지 최선은 아니다.

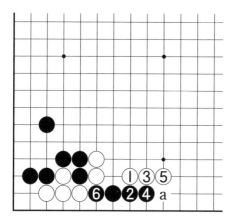

14도

## 14도 (흑, 만족)

흑이 들여다보면 백1로 씌우는 것이 능동적 대응이다. 흑2로 밀 때 백3에 그냥 늘면 흑4, 6으로 끊어 귀에서 큰 대가없이 넉점을 잡은 흑이 만족이다.

백은 두터움이라 해도 a의 막음이 후수여서 불리하다.

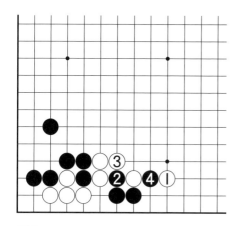

15도

## 15도 (바로 뛰는 경우)

따라서 백은 늘지 말고 1로 한칸 뛰는 것이 유연한 행마이다.

다만 지금처럼 바로 뛰면 흑2, 4로 단수치고 나와 백의 외곽이 허물어진다.

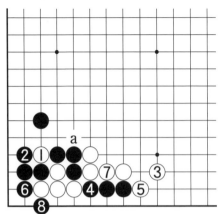

16도

### 16도 (정교한 수순)

14도 흑2 때 백1의 끊음을 활용한 후 3의 뜀이 정교한 수순이다.

이때 흑4로 끊어 단순히 백 넉 점을 잡으면 백은 5, 7을 선수로 두텁게 틀어막을 수 있다. 백은 a쪽 활용으로 중앙도 강해 둘만한 흐름이다.

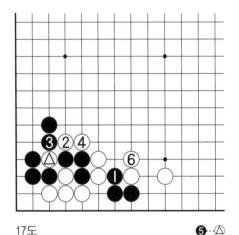

17도                    ❺···△

### 17도 (돌려치는 수단)

앞 그림 백3 때 흑1로 나가면 백2로 돌려치는 수가 있다. 이쪽에 미리 활용해둔 덕분이다.

이때 흑3으로 한점을 잡으면 백4를 선수한 후 6으로 늘어 흑이 귀의 넉점을 잡더라도 백이 봉쇄하면 두터운 흐름이다.

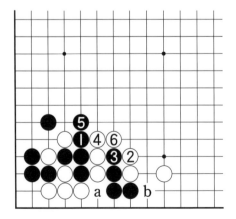

18도

### 18도 (흑, 곤란)

앞 그림 백2 때 흑1로 나가는 것이 이득이며 이때도 백은 2로 늘어둔다.

만일 흑3으로 나가면 백4, 6으로 막아 이제는 흑이 완전히 갇힌다. a와 b가 맞보기로 흑이 곤란해졌다.

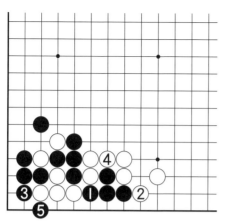

19도

### 19도 (선수 두터움)

따라서 앞 그림 백2 때 이곳을 두 자면 흑1로 끊을 수밖에 없다.

백은 2, 4로 하변을 선수로 틀 어막을 수 있으니 실리를 주더라 도 두터움을 활용할 수 있다면 그 이상의 대가를 얻을 수 있다.

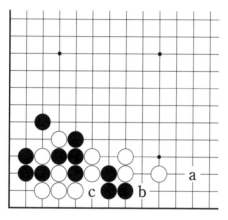

20도

### 20도 (손을 빼는 경우)

초반에는 이 시점에서 흑이 손을 빼는 경우가 많다.

나중에 a쪽 상황에 따라서는 흑 이 b로 나가는 맛도 가능하므로 미리 c의 끊음을 결정하지 않겠다 는 뜻이다.

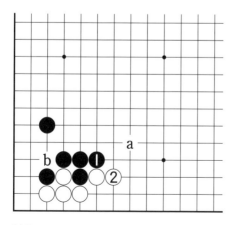

21도

### 21도 (상황에 따른 선택)

9도 백2 때 흑은 하변 상황이 불 리하면 1로 하나 밀어두고 손을 빼거나 a의 중앙 진출까지 결행하 기도 한다. 이 모양에서는 백이 b 로 한점을 잡는 맛이 남아있다.

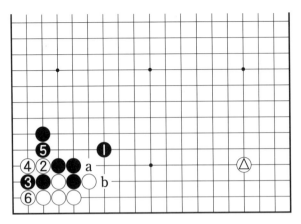

22도

### 22도 (중앙 진출)

백△로 자리해 하변에서 흑이 불리한 여건일 때 밀지 않고 1의 중앙 진출도 일책이다. 그러면 백이 6까지 귀를 차지하고 나서 a쪽 끊는 맛이 강해진다. 대신 흑도 후속 b의 맛이 생긴다.

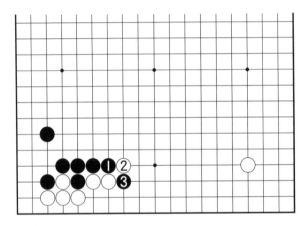

23도

### 23도 (과감한 도발)

하변에서 흑이 불리한데도 21도 다음 1, 3으로 끊는 것은 과감한 도발이다. 이에 백은 어떻게 대처해야 할지 생각해보자.

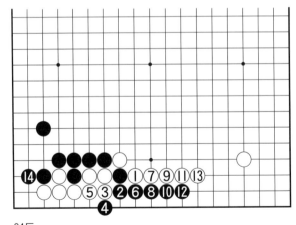

24도

### 24도 (수상전 흑승)

백1, 3으로 몰면 흑의 노림에 걸린다. 언뜻 흑이 곤란한듯하지만 4로 백의 안형을 없앤 후 12까지 흑은 기어나갈 수 있다. 백13에 흑14로 귀와 수상전을 벌이면 흑의 1수 승리이다.

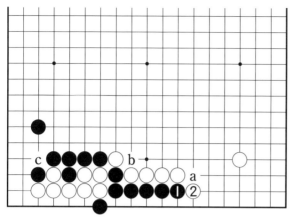

25도

### 25도 (막을 수 없다)

여기는 흑1에 백2로 막을 수 있어야 하는데 a와 b의 약점으로 어느 쪽이든 백이 잡힌다. 그렇다고 흑1에 백c로 귀를 살리면 흑a로 젖혀 하면 백이 파괴된다.

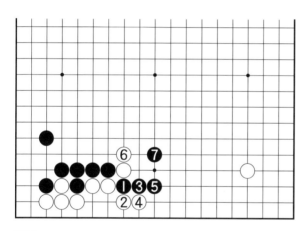

26도

### 26도 (백, 불리)

흑1에 백2로 밑에서 몰면 안전한데 다음 4로 계속 밀면 흑이 5로 기반을 세운 후 7로 중앙 백을 공격하는 흐름이 되어 백이 불리하다.

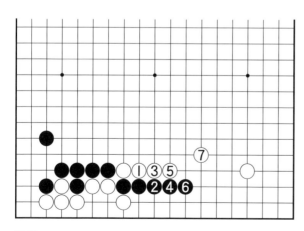

27도

### 27도 (백의 포위)

앞 그림 흑3 때 백1로 위에서 누르는 것이 좋은 발상이다.

이때 흑2로 나가면 백 3, 5로 계속 밀어간 후 7로 포위해서 이번에는 흑이 불리하다.

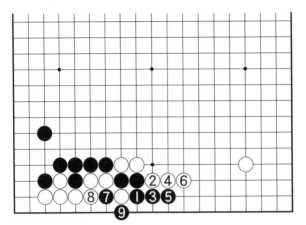

28도

### 28도 (흑의 버팀)

여기는 흑1로 막는 것
이 좋은 버팀이다.

　백2로 누르면 흑3, 5
로 안형을 만든 후 7, 9
로 잡고 살아둔다.

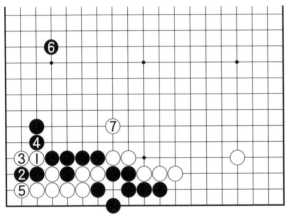

29도

### 29도 (백의 중앙 주도)

이다음 백1로 끊고 5까
지 귀의 삶도 필연이다.

　이때 흑이 6으로 좌
변에 모양을 넓히면 백
7이 대세점이 되어 중
앙에서 백이 주도권을
잡는다.

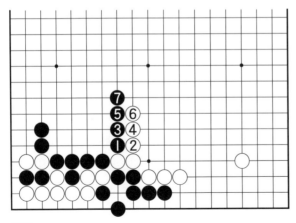

30도

### 30도 (중앙에서 경합)

앞 그림 백5 때 흑1로 젖
혀 좌변보다 중앙 쪽으
로 모양을 키우는 것이
한결 낫다.

　이하 7까지 경합하는
데 백도 이쯤해서 좌변
어딘가에서 흑세를 견제
하면 충분하다.

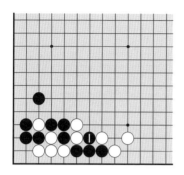

### ▦ 장면

이 장면에서 흑1로 나가면 백은 어떻게 대처해야 하는지 생각해보자.

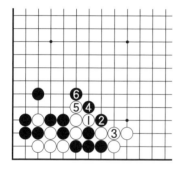

### 1도 (백, 잡힘)

단순히 백1로 막으면 흑2로 단수친 후 4, 6으로 몰아 중앙 백의 요석이 축으로 잡힌다.

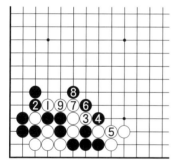

### 2도 (교묘한 응수타진)

백1의 단수가 교묘한 응수타진이다. 흑2로 한점을 잡으면 이제 백3으로 막을 수 있다. 흑4 이하 8까지 축으로 몰아가도 백9에 흑 석점이 먼저 단수가 되어 흑이 곤란하다.

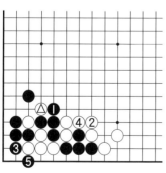

### 3도 (백, 충분)

백△에 흑1로 나가면 백2로 늘어둔다. 이제 흑이 더이상 나갈 수 없으니 흑3으로 돌아오고 백은 4로 틀어막는 것이 선수이니 충분한 결과이다(5형 19도 참조).

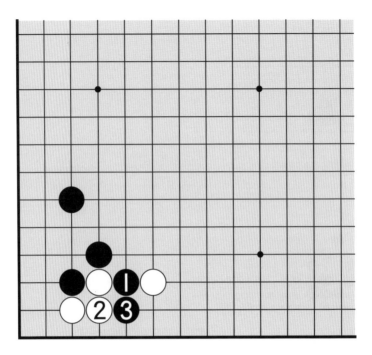

기본형

    화점에 백이 붙이고 젖힐 때 이번에는 흑1로 단수치고 3
으로 관통하는 변화에 대해 알아본다.
    일단 흑이 차단해서 싸우려는 뜻이므로 귀의 실리는 허
용해도 변과 중앙을 중시하는 발상인데, 싸우는 과정에서
AI의 신수도 감상할 수 있다.

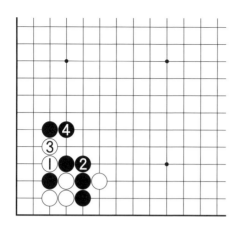

1도

### 1도 (귀쪽 끊음)

우선 백1로 귀쪽을 끊으면 흑2로 잇는다.

백3에 흑4로 백이 선수로 귀를 정리할 수 있지만, 흑은 두터움에 약점이 없어 충분하다.

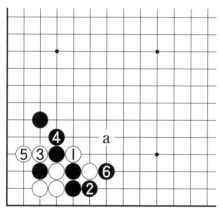

2도

### 2도 (변쪽 끊음)

그래서 보통 백1로 변쪽에서 끊어 놓고 싸운다. 흑2에 백3, 5로 살아두고 흑6으로 단수쳐서 일단락이다.

흑이 후수이지만 대신 중앙 주도권이 강하므로 서로 어울렸다. 이다음 흑이 이곳을 두자면 a로 두점을 제압해야 완전하다.

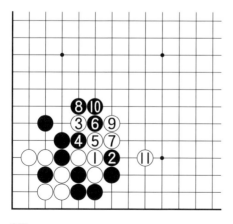

3도

### 3도 (위험한 끊음)

이다음 백은 1로 잇고 싸울 수 있다. 흑2로 밀어 압박하면 백3이 모양의 급소이다.

이때 흑4, 6으로 끊고 나가 8로 한점을 잡으면 백9, 11로 씌워 하변의 흑이 위험하다. 흑이 살기야 하겠지만 백이 그동안 두터워지면 흑이 불리하다.

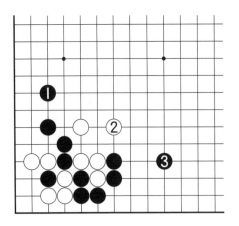

4도

## 4도 (흑의 아쉬움)

앞 그림 백3 때 흑1로 좌변을 지키는 것이 급선무이다. 그러면 백2로 정돈하고 흑3에 벌리는 진행이 예상된다. 흑이 간명한 변화를 원하면 이렇게 둘 수 있지만 귀에서 빼앗긴 실리에 대적할 정도의 두터움이나 주도권이 부족하다는 아쉬움이 있었다.

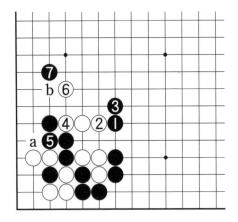

5도

## 5도 (흑의 경쾌한 행마)

흑이 강하게 두자면 1의 요소를 선점하며 싸울 수 있다.

이때 백2 이하 6으로 압박하면 흑7의 건너뜀이 경쾌한 행마이다. 흑a의 활용과 백진의 약점으로 백은 b로 차단할 수 없어 불만이다.

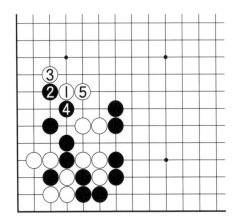

6도

## 6도 (필연)

앞 그림 흑3 때 백1의 날일자로 포위하는 것이 알맞다.

흑은 2, 4로 호구쳐서 버티고 백5로 늘기까지 필연이다.

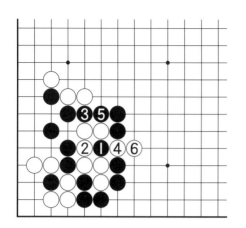

7도

### 7도 (서로 관통)

이다음 흑1, 3의 수순으로 뚫으면 백은 4로 따내고 6으로 나간다. 서로 관통하는 흐름인데~

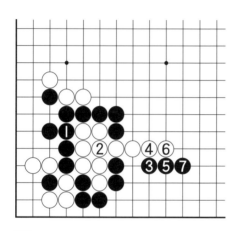

8도

### 8도 (전투 양상)

흑은 1의 단수를 선수한 후 7까지 싸움을 주도하지만, 좌변 흑이 미생이므로 백도 충분히 대항할 수 있다.

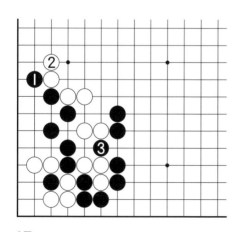

9도

### 9도 (흑의 간명책)

좌변에 백의 진영이 강하다면 6도 다음 흑1의 젖힘이 간명책이다.

백2에 흑3부터의 수순을 밟는데 여기서 백이 손을 빼기도 하지만 계속 둔다면~

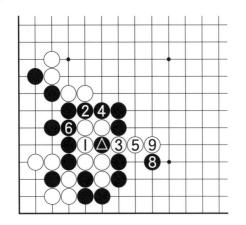

10도

### 10도 (필연)

백1로 이은 후 5까지 서로 관통은 필연이다. 다음 흑6, 8로 쫓고 백 9로 나가면~

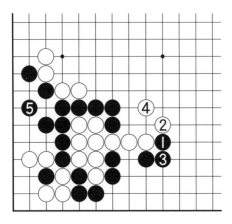

11도

### 11도 (서로 정비)

이번에는 흑이 1, 3으로 하변을 두텁게 정비한다. 대신 백4의 호구도 단단한 지킴이지만 흑5로 살아두려는 계획이다.

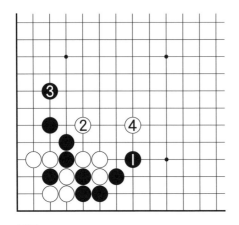

12도

### 12도 (마늘모 행마)

이 시점에서 AI의 추천 일순위는 흑1의 마늘모 행마인데 고정관념을 깨는 묘한 자리이다.

　이때 백2로 짚는 것은 흑3을 기대한 것인데, 그러면 백4로 모양을 정비해 4도와 유사한 흐름이며 좌변 흑이 약해 백의 타개가 순조롭다.

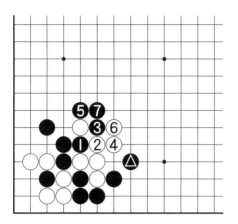

13도

### 13도 (좋은 자리)

앞 그림 백2 때 이번에는 흑1, 3
으로 나와끊을 수 있다. 백4에 나
갈 때 흑이 7까지 한점을 잡으며
강화되고 나서 백 전체가 미생이
되니 흑이 국면을 주도하는 흐름
이다. 이때 흑▲가 아주 좋은 자리
에 있음을 알 수 있다.

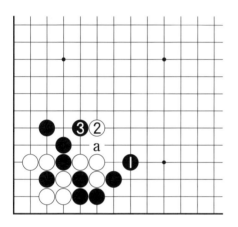

14도

### 14도 (모양을 갖추는 급소)

따라서 흑1에는 한줄 오른쪽인 백
2로 뛰어야 안전한데, 이때는 흑3
의 붙임이 a의 끼움을 노리면서
모양을 갖추는 급소이다.

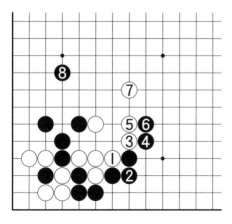

15도

### 15도 (AI의 추천 변화)

이다음 백1, 3으로 움직이며 8까
지 서로 모양을 갖추는 것이 AI의
추천 변화로 실전에 자주 등장한
다. 이 진행이면 4도와 비교해 흑
이 하변을 두텁게 하면서 좌변도
약하지 않다.

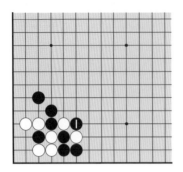

### ▦ 장면

이 장면에서 흑1로 양단수치면 백이 어떻게 대처할지 생각해보자.

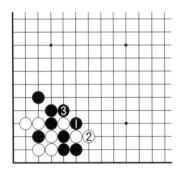

### 1도 (백, 요석 잡힘)

흑1에 백2로 하면 돌을 살리면 아주 불리하다. 흑3으로 중앙 한점을 잡으면 전체가 연결되어 두터움이 전국을 압도한다. 백의 요석이 잡혔기 때문이다.

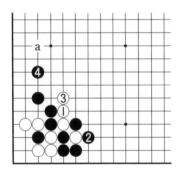

### 2도 (힘찬 뻗음 1)

백1로 요석을 살리면 상황이 뒤바뀐다. 흑2로 한점을 잡을 수 있지만 백3으로 뻗는 자세가 힘차다. 흑4로 지키지만 돌의 모양이 약한데, 백이 a로 다가서기만 해도 시달릴 공산이 크다.

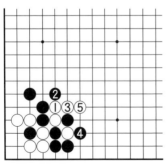

### 3도 (힘찬 뻗음 2)

백1에 나갈 때 흑2로 단수치고 4로 잡아도 이번에는 백5로 뻗는 자세가 역시 힘차다.

이러면 공격은커녕 양쪽 정비도 바빠진 흑이 불리한 흐름이다.

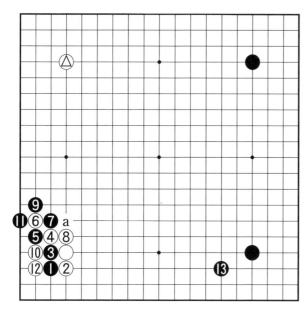

실전 1

## 실전 1

화점 포석에서 흑1로 3
三에 침입하면 백2로 막
은 후 12까지 AI시대의
대표 정석으로 많이 등
장한다.

　이후 흑은 a쪽 보강
이 백△의 배치에서 별
로 효과가 없는 만큼 13
으로 굳히며 백세를 견
제했다.

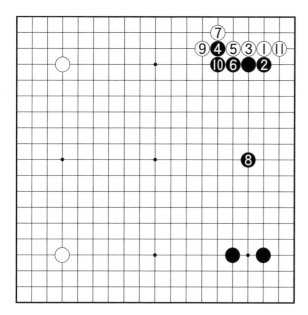

실전 2

## 실전 2

우하귀는 흑의 소목 한
칸굳힘이다. 역시 백1의
이른 3三침입은 AI시대
의 대세이다. 흑2, 4로
늦춰 받을 때 백5, 7이
면 무난한 대응이다.

　흑8로 세력을 펼치면
백9, 11은 이에 대항하
는 실리작전이다.

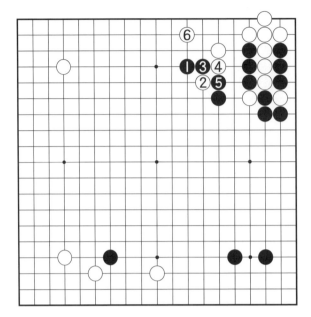

실전 3

## 실전 3

우상귀는 화점에서 많이 나오는 정석 변화이다(2형 참조). 백이 손을 빼고 하변으로 향한 만큼 흑1의 포위는 당연한 응징이다.

이때 실전은 백2, 4로 발전자를 가르며 맛을 남기고 6으로 간명하게 지켰다.

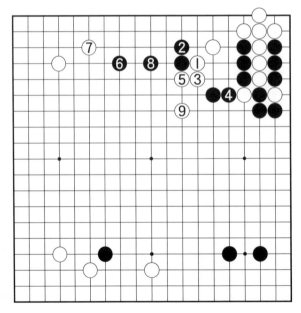

참고도

## 참고도 (AI 추천)

AI는 백1로 붙여 정리하고 싶다고 한다. 흑2로 반발하면 백3에 나와 싸운다. 이하 9까지 AI의 후속 변화이다.

수순 중 흑6, 8은 배워 둘만한 유연한 행마이다.

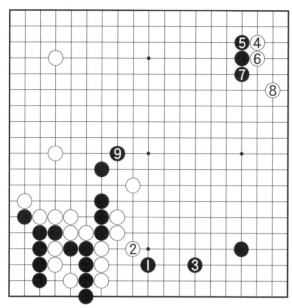

실전 4

## 실전 4

좌하귀의 정석이 중앙 싸움으로 확산되어간 다. 여기까지는 AI시대 에 자주 등장하는 변화 이다(3형 참조).

이후 AI는 흑이 중앙 에서 손을 돌리고 1, 3 으로 하변 선점이 우선 이라고 한다. 백이 8까 지 우상귀에 모양을 잡 으면 그때 흑9로 보강 한다는 계산이다.

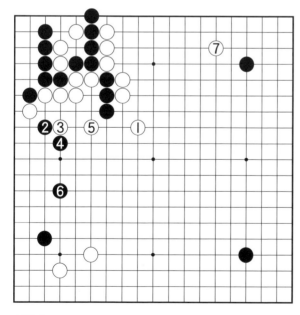

실전 5

## 실전 5

좌상귀의 정석도 실전 4와 같은 변화이다.

백1로 추격할 때 좌 하귀의 배치를 활용하 기 위해서는 흑2로 다 가서고 백3, 5로 석점을 포획하지만 흑6으로 좌 변에 모양을 펼치는 것 이 폭넓은 발상이다. AI 가 보여주는 고급 사석 작전이었다. 백도 7로 걸치며 세력을 살린다.

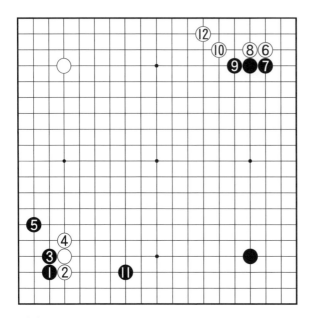

실전 6

## 실전 6

화점 포석에서 흑1의 이른 3三침입부터 5까지는 아주 간명한 기본 정석이다. 백6에서 10까지도 이에 못지않은 빈도율 상위 1% 정석인데 흑11로 협공해도 백12로 지켜야 모양이 완성된다. 여기까지 실전에 자주 등장하는 포석 변화이다.

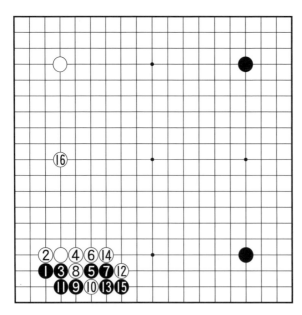

실전 7

## 실전 7

역시 화점 포석에서 흑1에서 5까지는 축이 유리할 때 구사할 수 있다. 이하 15까지는 백이 두텁게 정리할 때 사용하는 정석 변화인데 대신 흑도 견실한 실리로 대항한다.

백은 두터움을 배경으로 16으로 좌변에 대모양을 펼쳤다.

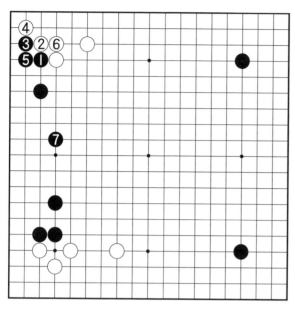

실전 8

## 실전 8

좌하귀 소목에서 형성
된 모양에 주목한다.

　흑1, 3의 붙이고 젖
힘은 AI시대의 대세 정
석인데 백4의 이단젖힘
은 실리를 중시한 강수
이다. 흑은 5로 잇고 백
6에 흑7로 좌변에 모양
을 펼치는 것이 그럴듯
하며 이런 유형의 포석
이 실전에 자주 나온다.

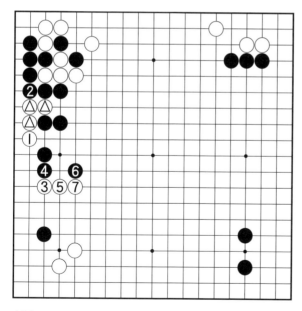

실전 9

## 실전 9

좌상귀의 정석 변화가
좌변까지 이어졌다(5형
참조).

　백은 △들의 활용이
관건인데 AI는 백1로 키
운 후 3 이하 7로 밀어가
는 것이 효과적이라고
판단한다. 그러면 백 넉
점은 잡혀도 좌하 일대
를 장악해서 충분하다는
뜻이다. 배워 둘만한 창
의적 발상이다.

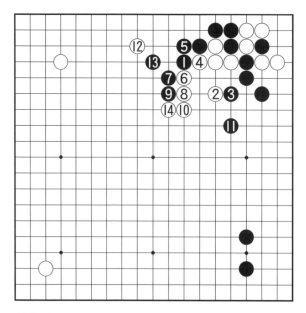

실전 10

## 실전 10

우상귀는 백의 붙이고 젖힘에서 파생된 정석 변화로 흑의 두터움과 백의 실리 대결이다(6 형 참조).

흑1의 마늘모가 AI 시대의 신수이며 14까지 서로 중앙에 비중을 두며 싸움에 임하였다.

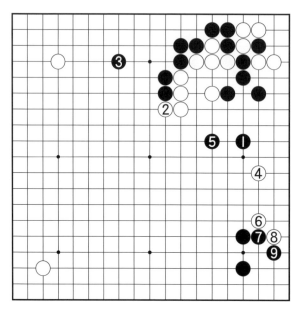

참고도

## 참고도 (AI 추천)

실전 백10 때 흑1로 변의 벌림이 보통이다.

백2의 꼬부림은 중앙 요소이며 흑3으로 근거를 확보할 때 백은 4로 침입해서 흑5의 보강을 유도한 후 6, 8로 우변을 부순다. AI가 보여주는 추천 변화였다.

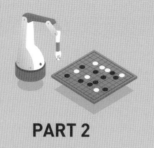

PART 2

# 벌림 정석
# 이후의 전략

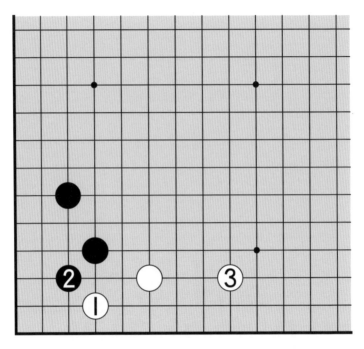

기본형

날일자받음에서 백1로 달리고 3에 벌리면 AI시대 이전 많이 두었던 국민정석이었다.

AI시대에는 백1의 날일자가 느슨하고 흑의 선택권이 다양하다 해서 등장 빈도가 아주 낮지만 타이트한 프로가 아니라면 안정적인 모양으로 선호하므로 이후 주변 상황에 따라 흑이 이 정석을 어떻게 활용하는지 알아본다.

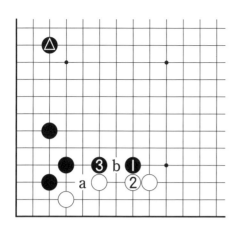

1도

## 1도 (세력작전)

정석 이후 흑▲ 주변에 우군이 있다면 흑은 1, 3으로 모양을 키울 수 있다. 일종의 세력작전이라 봐도 좋다. 그러면 백은 a로 늘거나 b로 끼워 수비하는데~

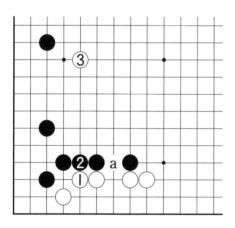

2도

## 2도 (백의 삭감)

백1에 흑2(또는 a)로 이곳을 틀어막으면 단단하지만 백도 3의 삭감이 가능해서 흑의 세력작전에 차질이 생긴다.

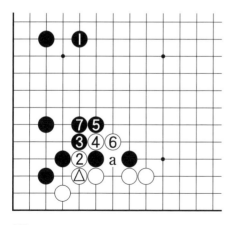

3도

## 3도 (능동적 세력작전)

백△에 흑이 받지 않고 1로 세력을 키우면 능동적이다. 백2, 4로 약점을 공략하면 흑5, 7로 중앙을 정리하는 것이 요령이다.

이다음 a의 맛도 남아 흑이 하변에서 큰 손해는 없다.

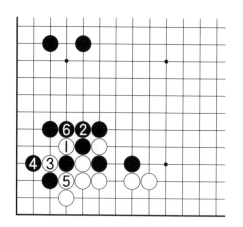

4도

### 4도 (귀에서 처리 요령)

앞 그림 흑5 때 백1, 3으로 귀를 공략하면 흑4, 6으로 틀어막는 것이 요령이다.

흑이 귀의 실리는 허용하지만 중앙을 더욱 두텁게 만들 수 있다.

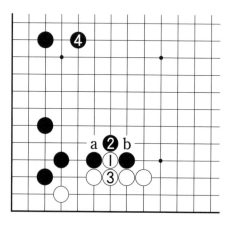

5도

### 5도 (끼워잇는 경우)

백1, 3으로 끼워이을 때도 흑은 a나 b로 받지 않고 4로 먼저 중앙을 키우는 것이 세력작전의 핵심이다.

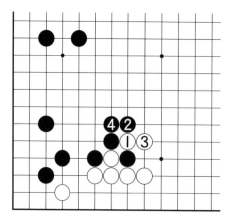

6도

### 6도 (두텁게 정리)

이다음 백1로 약점을 공략하면 흑은 2, 4로 중앙을 두텁게 정리해서 충분하다

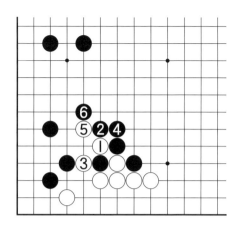

7도

## 7도 (두터움 유지)

5도 다음 이번에는 백1로 왼쪽에서 끊어보자. 흑은 잇지 말고 2로 단수치고 4, 6으로 중앙에서 두텁게 막아 정리하는 것이 요령이다.

그래야 약간 진영이 훼손되도 적절하게 중앙 두터움을 유지할 수 있다.

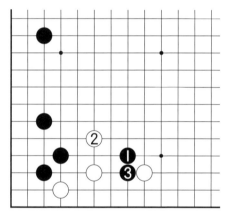

8도

## 8도 (백의 저항)

처음으로 돌아가서, 흑1로 어깨짚을 때 백은 상황이 허락하면 2로 뛰어 흑의 의도를 거스를 수 있다.

물론 흑3에 막을 때 이 싸움을 백이 감당할 수 있어야 가능한데, 흑이 세력작전을 펼 때는 항상 이런 저항을 염두에 두어야 한다.

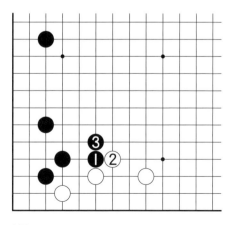

9도

## 9도 (흑의 차선책)

앞 그림의 저항이 예상되면 단순히 흑1, 3으로 모양을 키우는 것도 은근한데 강한 압박이 아니므로 어디까지나 차선책이다.

여기서 백은 어떻게 정비하면 좋을지 생각해보자.

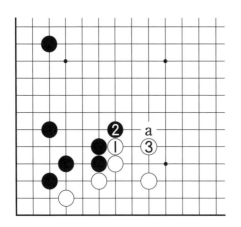

10도

### 10도 (모양을 키우며 정비)

우선 백1, 3이 모양을 키우며 정비하는 방법이다.

　이 진행에서는 흑도 a로 붙이며 모양을 더욱 확대할 수도 있다.

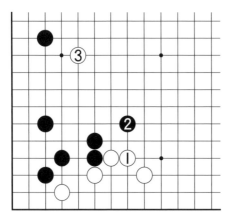

11도

### 11도 (견실한 정비)

백1도 한수로 모양을 정비하는 견실한 수단이다.

　이 진행에서는 흑2로 모양을 키우면 백3의 삭감이 제격이다.

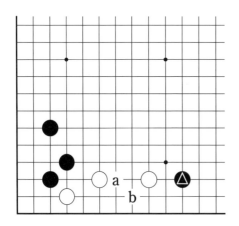

12도

### 12도 (붙임과 치중)

정석 이후 흑▲로 다가선 상황이라면 하변 백진에 직접 침투하며 활용하는 수단이 있다.

　대표적으로 흑a의 붙임과 b의 치중이 있음을 기억해두자. 우선 흑a로 붙이면 어떤 변화가 일어나는지 알아본다.

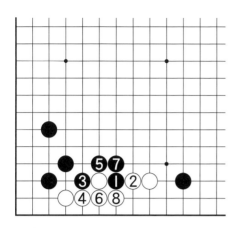

13도

### 13도 (눌리는 모양)

흑1로 붙일 때 백이 연결만 원한다면 백2로 치받으면 된다. 대신 흑3으로 붙인 후 8까지 모두 활용이 되므로 흑이 매우 두텁고 백은 납작하게 눌리는 모양이다.

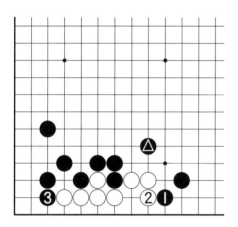

14도

### 14도 (끝내기 이득)

이 진행에서는 나중에 흑▲ 부근에 돌이 오면 흑1, 3으로 압박해서 백의 삶을 강요한다. 그러면 끝내기로도 흑이 상당한 이득이다.

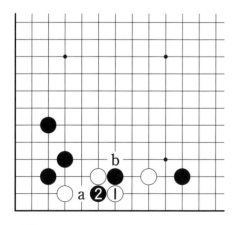

15도

### 15도 (맞끊음)

되돌아가서 흑이 붙일 때 백1로 2선에서 젖히면 흑2의 맞끊음이 유명한 맥이다.

다음 백은 a와 b의 선택이 있는데~

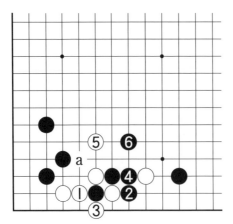

16도

## 16도 (흑, 만족)

백1로 왼쪽 한점을 잡는 것은 흑 2, 4로 변의 한점을 차단해서 흑 의 만족이다. 봉쇄를 피해 백5로 나가도 흑6으로 같이 뛰고 나서 흑이 나중에 a의 활용이면 백은 아직 미생이다.

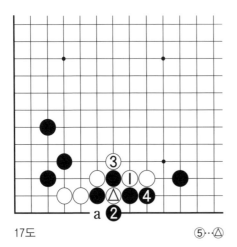

17도　　　　　　　　⑤‥△

## 17도 (백의 부담)

앞 그림 흑2 때 백1, 3이면 중앙 을 봉쇄할 수 있지만 흑4로 나가 는 길이 열려있다.

그런 후 백5로 패가 나는데 이 패는 모양상 백이 무조건 이겨야 하므로 부담이 크다.

18도

## 18도 (두텁게 운영)

15도 다음 백1로 변의 한점을 잡 으면 흑은 2, 4로 귀의 한점을 차 단한다. 백은 손실이 생겨 불만이 지만 변을 선수로 두텁게 두는 것 이 13도처럼 눌리는 것보다 운영 하는 데 한결 낫다.

그런 후 여건이 되면 흑△를 공 격하며 판을 이끌어갈 수도 있다.

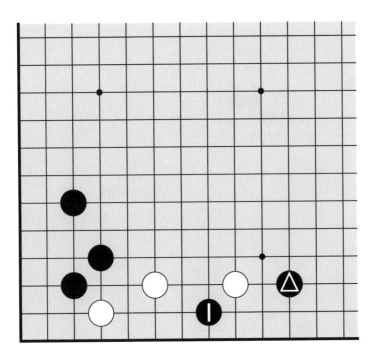

기본형

이번에는 흑▲를 기반으로 1로 치중하는 변화에 대해 알아본다.

흑1의 치중은 무서운 노림이 있다. 백이 가볍게 대하다간 어느 순간 손해를 보든지 낭패를 당할 수 있으므로 대응에 신중을 기해야 한다.

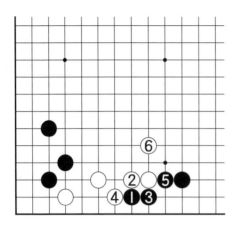

1도

### 1도 (백, 당한 결과)

흑1로 치중할 때 처음부터 백2, 4로 물러서고 6으로 지키면 실리를 빼앗긴 만큼 백이 당한 결과이다.

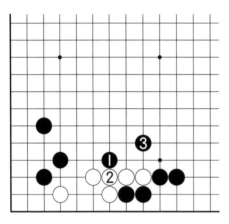

2도

### 2도 (통렬한 공격)

앞 그림 백6을 생략하면 흑1, 3의 공격이 통렬해서 백이 위험한 지경에 몰린다.

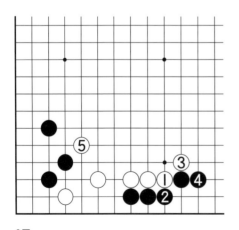

3도

### 3도 (백, 두터운 발상)

다만 백도 상황에 따라 1, 3을 선수한 후 5로 리듬을 타며 중앙을 두텁게 두면 충분하다고 AI가 가르친다. AI시대에는 이런 발상의 전환이 필요하다.

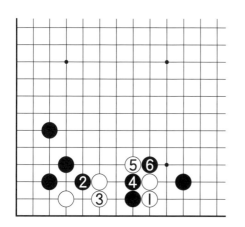

4도

## 4도 (나와끊음)

처음으로 돌아가서 백은 1의 차단
이 일단 기세이다.

이때 흑2로 옆구리에 붙여보는
것이 노림을 품은 응수타진이다.
백3으로 물러서면 안전해 보이지
만 흑4, 6으로 나와끊는 수단이
준비되어 있다.

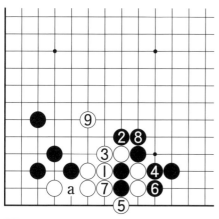

5도

## 5도 (사석작전)

이다음 백1로 두점을 잡을 때 흑2
이하 6을 모두 선수활용할 수 있
고 8로 이으면 흑의 사석작전이
빛을 발한다. 흑이 두터워지는 동
안 백은 9로 달아나기에 바쁘다.

나중에 귀에는 흑a로 들어가 백
전체를 미생으로 만드는 맛도 남
아있다.

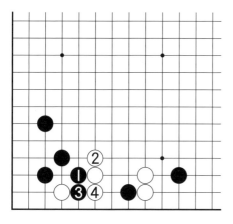

6도

## 6도 (여전한 노림)

흑1에 백2로 올라서서 중앙을 중
시해도 흑3에 백4로 막으면 흑의
노림이 여전하다.

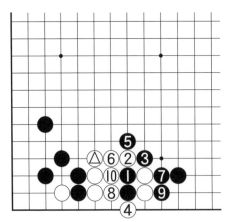

7도

### 7도 (조임)

역시 흑1, 3으로 나와끊을 수 있다. 흑은 10까지 두점을 버리고 외곽을 조이게 되는데, 올라선 백 ⓐ까지 그 가치를 철저히 무력화시킨다.

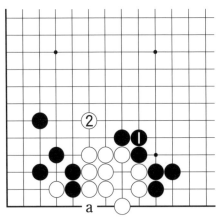

8도

### 8도 (철저히 당한 모습)

이다음 흑1의 이음도 선수나 다름없으니 백은 2로 진출해야 안심이다. 그렇지 않고 흑이 그 자리에 포위하면 백a로 1집 만들며 눈물을 머금고 살아야 한다. 어쨌든 백이 철저히 당한 모습이다.

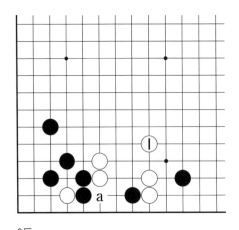

9도

### 9도 (뼈아픈 후수 지킴)

이처럼 당할 바에야 백은 a로 막지 말고 1로 중앙을 지켜두는 것이 나을 것이다.

어쨌든 이렇게 백이 후수가 되면 귀의 실리를 빼앗긴 것이 뼈아프다.

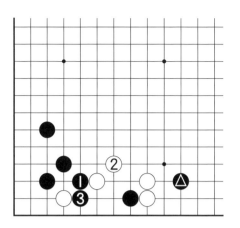

10도

## 10도 (현명한 선수 지킴)

지금까지의 과정을 보건대 흑1에
는 백2의 마늘모로 비스듬히 지키
는 것이 유력하다. 흑3으로 한점
을 잡을 때 이제 백은 이곳에서
손을 빼도 된다. 물론 백이 실리로
손해이지만 선수 이점을 갖고 유
연하게 두면서 흑△도 노릴 수 있
는 현명한 방안이다.

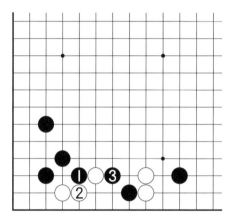

11도

## 11도 (타이트하게 받을 곳)

실은 흑1에 백2로 타이트하게 받
고 싶은 곳이다.

　이럴 때 흑3의 껴붙임이 맥이어
서 염려가 되겠지만~

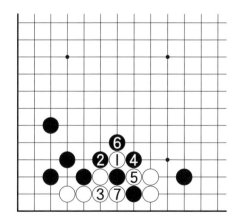

12도

## 12도 (젖히는 경우)

이때 백1의 젖힘이 일단 기세로
보이지만, 그러면 흑2, 4로 단수
쳐 나가고 백5, 7로 한점을 잡으
며 연결하는 흐름이 된다.

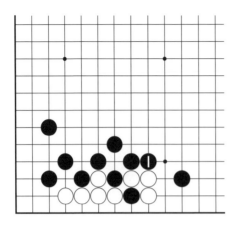

13도

### 13도 (두터움의 위력)

이다음 흑1로 틀어막으면 중앙 두터움의 위력을 실감할 수 있다.

　백은 초라하게 눌린 모양이라 고작 몇 집에 불과하니 백이 이런 발상으로 임하면 아주 곤란하다.

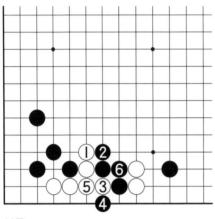

14도

### 14도 (힘찬 수단)

11도 다음 백1로 올라서는 것이 AI가 보여주는 힘찬 수단이다.

　물론 6까지 되면 백이 양쪽으로 갈라져서 표면적으로 불리해 보이지만~

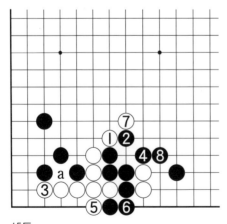

15도

### 15도 (요소 선점과 활용)

백1, 3의 요소를 선점하면 왼쪽 백은 a도 선수이므로 사는 데 문제없고 그동안 좌하 흑이 약해졌다. 흑4로 두점을 제압하면 백5, 7이 두터운 선수활용이다.

　흑은 8의 가일수가 아픈 만큼 이런 진행은 백이 만족이라고 AI는 강조한다.

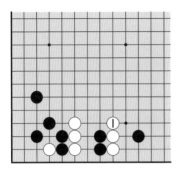

### ▦ 장면

이 장면에서 백1로 올라선 수는 흑의 활용을 피해서 크게 포위하려는 뜻인데, 흑이 여기를 가장 효과적으로 처리해보자.

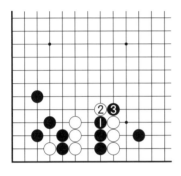

### 1도 (활용의 맥)

일단 흑1, 3으로 나가끊는 것이 백진을 교란하는 수단이다. 본형 7도와 같은 활용의 맥으로 보면 된다.

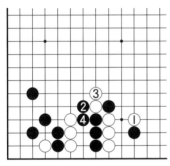

### 2도 (탈출)

이때 백1로 봉쇄를 피하면 흑2, 4로 탈출한다. 그러면 왼쪽 백이 폐석이 되어 백의 실리 손실이 크다.

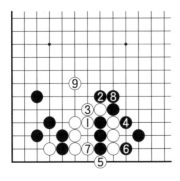

### 3도 (백, 활용당함)

1도 다음 백1로 막으면 석점을 잡을 수 있지만, 흑은 그러든 말든 6까지 조인 후 8로 두텁게 마무리한다. 다음 백이 갚히면 곤란하므로 9의 진출은 필연이다. 이 결과도 백이 크게 활용당한 모습이다.

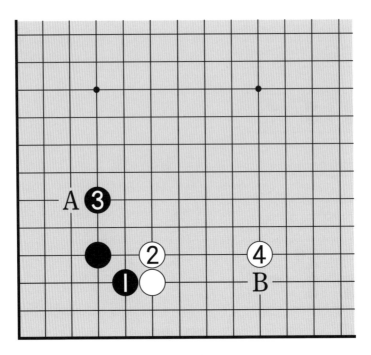

기본형

흑1의 마늘모붙임은 예전에는 하수의 수법으로 평가절하되었다. AI시대에는 귀의 가치가 높아지면서 즐겨 사용하는데 백도 2로 올라서는 자세가 힘차서 불만은 없다.

이다음 흑이 3(또는 A)으로 받고 백이 4(또는 B)로 세칸 벌리는 것은 상식이다. 이후 흑이 하변 벌림에 침입하면 어떤 변화가 일어나는지 알아본다.

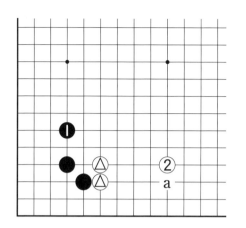

1도

## 1도 (기본 정석)

백△로 올라선 형태에서는 중앙을 중시하는 흑1의 한칸받음을 많이 둔다. 백도 2로 세칸 높게 벌리는 것이 이에 맞서는 변의 대응이다.

상황에 따라 a로 낮게 벌릴 수도 있지만 어쨌든 이 모양이 AI시대의 기본 정석이다.

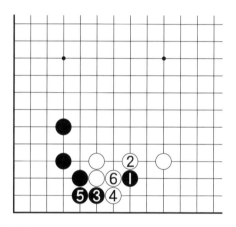

2도

## 2도 (응수타진)

이후 흑1의 침입은 예전에 많이 두던 응수타진이다.

백2로 봉쇄해도 흑3, 5로 젖혀 이어 선수로 귀를 지키면 충분히 활용했다는 생각인데 백도 6으로 이으면 하변이 두터워 불만 없다.

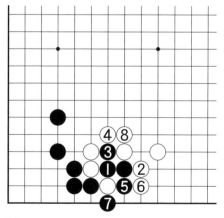

3도

## 3도 (손을 빼고 정비)

흑이 귀를 젖혀 이을 때 백이 손을 빼는 경우도 많다. 이후 흑1로 끊으면 백2로 막은 후 8까지 실리 손실은 있더라도 바깥을 두텁게 정비할 수 있다.

어쨌든 백은 선택권이 있으므로 흑의 침입이 큰 효과는 없었다.

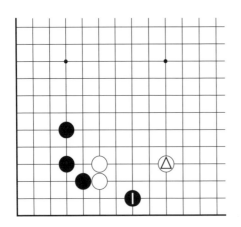

4도

## 4도 (낮은 침입)

백△로 높게 벌린 모양에서는 흑1
의 낮은 침입이 진화된 도발이다.

이후 AI는 여러 실용적인 변화
를 보여준다.

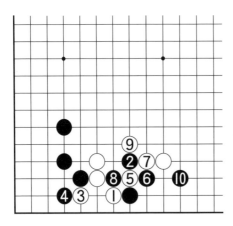

5도

## 5도 (귀와 차단하는 경우)

우선 백1로 귀와 차단하는 경우
흑2에 백3, 5로 끼워서 정비하면
흑도 10까지 변으로 진출하는 흐
름이 필연이다.

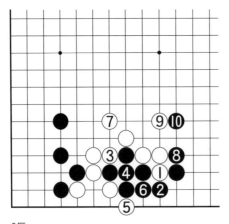

6도

## 6도 (흑이 힘을 내는 흐름)

이다음 백1로 들어가 3, 5의 단수
조임은 기본 좋지만 7의 수비가
필요하다.

하변 흑이 견디고 나서 8, 10으
로 중앙에 힘을 실으면 이제 둘만
한 흐름이 되었다.

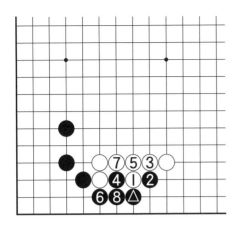

7도

### 7도 (흑의 의도)

흑❹의 침입에는 변에서 백1의 붙임이 일단 두터운 방어이다.

흑2에 백3으로 받고 흑이 8까지 귀에 넘어가면 흑의 의도대로 실리가 크다.

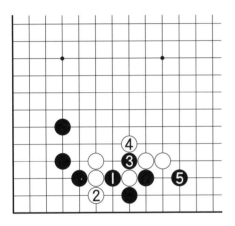

8도

### 8도 (백의 버팀)

앞 그림 흑4 때 백은 2로 차단해서 버틸 수 있다. 흑은 3으로 한점을 따내고 5로 진출하는 것이 자연스럽다.

이제 백도 허술한 모양을 정리할 단계인데~

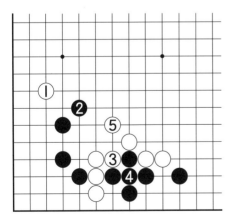

9도

### 9도 (효율적 지킴)

좌변에서 백1로 걸쳐서 흑2를 유도한 후 백3을 결정하고 5로 단점을 지키는 것이 AI가 보여주는 효율적인 착상 중의 하나이다.

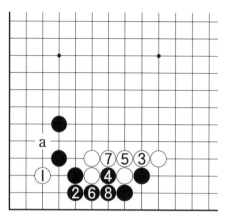

10도

### 10도 (3三침입)

7도 흑2 때 백1의 3三침입이 AI가 보여주는 변화 중의 상책이다. 이때 흑2로 차단하면 백3에 막고 8까지 되는데 백이 a로 사는 맛이 남아 만족이다.

7도와 비교하면 그 차이를 알 수 있다.

### 11도 (백, 만족)

백1에 흑2로 넘으면서 차단하면 백3, 5로 끼워잇는다.

흑6에 지키면 백7, 9로 한점을 잡은 후 a로 움직이는 맛을 노리면 역시 백의 만족하다.

11도

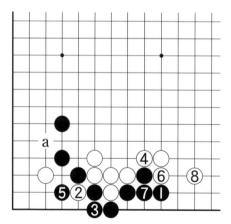

12도

### 12도 (백, 활발)

앞 그림 백5 때 흑1로 살려도 백2, 4로 막으면 흑5로 잡아야 하며 백6, 8로 정비하는 리듬이 좋다.

아직도 a의 맛이 남은 만큼 백이 활발하다.

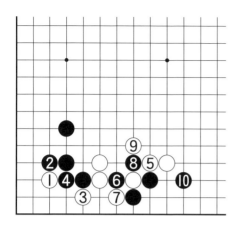

13도

## 13도 (현명한 타협)

백1에 흑이 타협을 하자면 2로 일단 물러서는 것이 현명하다.

백이 3의 젖힘을 활용하고 5로 막으면 흑도 10까지 변의 진출이 보장되어 충분히 견딜 수 있다.

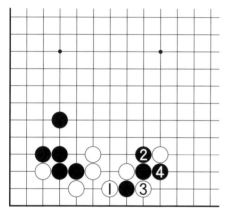

14도

## 14도 (효과적 임기응변)

앞 그림 흑4 때 백1, 3으로 한점을 잡는 것은 흑2, 4로 중앙은 뚫리지만 하변이라도 안정해놓겠다는 뜻이다.

중앙은 상황에 따라 강약을 정해서 두겠다는 작전인데 백의 효과적인 임기응변이다.

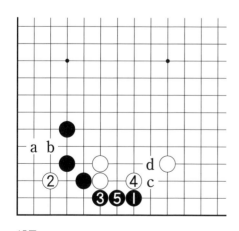

15도

## 15도 (맞불작전)

흑1에 즉각 백2로 같이 침입해서 맞불을 놓는 작전도 가능하다.

흑3에 넘으면 백은 4로 흑5를 유도해서 임시조치한 후 변에서 손을 빼고 a나 b로 움직이는 맛을 노릴 수 있다. 이후 흑c는 백d로 막아 견딜 수 있다는 계산이다.

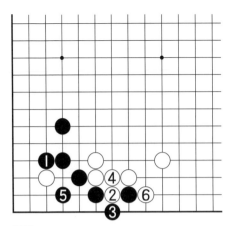

16도

### 16도 (간명한 선택)

앞 그림 백4 때 흑1로 귀를 지키면 백도 6까지 변을 두텁게 지킬 수 있다.

간명하게 정리하고 싶다면 가능한 선택이다.

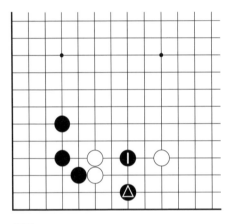

17도

### 17도 (손을 빼는 경우)

되돌아가서 흑⚫의 침입 때 백이 손을 빼는 경우도 많은데 손빼기에 능한 AI의 영향이다.

그러면 흑은 1로 가르며 대가를 찾는 진행이 보편적이다.

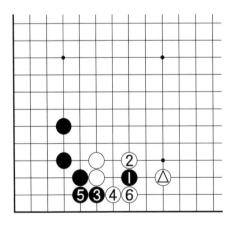

18도

### 18도 (낮은 벌림에서 침입)

백⚪로 낮게 벌릴 경우 흑1의 침입도 응수타진 성격이 짙다.

백2로 봉쇄하면 흑3, 5의 젖혀 이음을 활용하겠다는 뜻인데 백6으로 일단락되면 흑이 선수로 귀의 집을 지켜 충분하다.

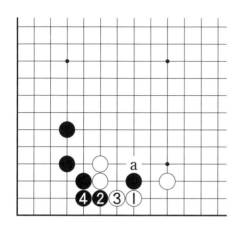

19도

## 19도 (2선 붙임)

낮은 벌림일 때는 백1의 2선 붙임이 묘미가 있다.

흑2, 4에 백a로 지키면 앞 그림으로 환원되지만, 이 상태에서 백도 손을 빼고 두는 선택권이 있다.

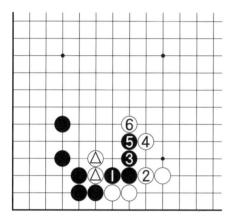

20도

## 20도 (사석작전)

이후 흑1로 끊으면 백이 굳이 싸우지 않더라도 2 이하 6으로 △두점을 버리면 된다.

이처럼 사석작전으로 조성된 중앙 두터움을 백이 최대한 활용하면서 두면 충분하다.

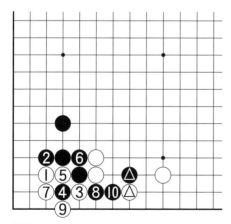

21도

## 21도 (불편한 침입)

백△에 흑이 손을 빼는 경우 백1로 3三에 침입하기가 아주 불편하다. 이 형태에서는 흑2로 물러서고 백3에 흑4로 막을 수 있다.

이하 귀의 공방을 거쳐 흑8, 10 때 ▲와 △의 교환 덕분에 백의 하변 모양이 허물어진다. 흑이 응수타진 해놓은 장점도 있었다.

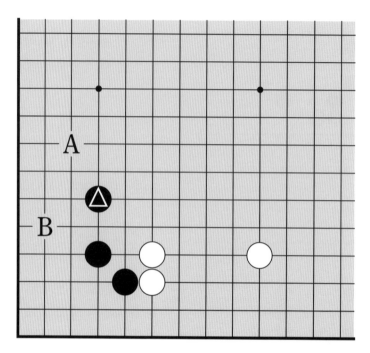

기본형

이 장면은 화점에서의 기본 정석인데 흑▲의 한칸일 경우는 중앙을 향한 힘은 강한 대신 변에서의 방어력은 제한적이다.

백이 그런 취약점을 노릴 경우 A의 다가섬과 B의 저공 침입이 대표적이다. 이번 형에서는 백이 A로 다가선 이후의 변화에 대해 알아본다.

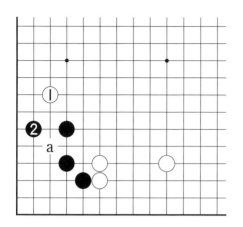

1도

## 1도 (단점 노출)

백1로 다가설 때 흑2의 한칸으로 수비하는 것은 a의 단점이 노출되어 바람직하지 않다.

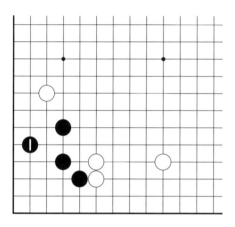

2도

## 2도 (위축된 행마)

흑1의 지킴이 앞 그림에 비해 안정적이지만 보기에도 위축된 행마이다. 뭔가 지레 겁을 먹고 물러선 느낌이다.

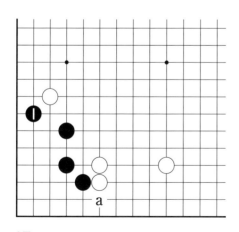

3도

## 3도 (처진 날일자 지킴)

흑1의 처진 날일자는 귀를 최대한 지키겠다는 뜻이다.

　나중 a의 젖힘까지 가세하면 큰 집이 완성된다. 다만 백도 안에서 사는 수단이 있다.

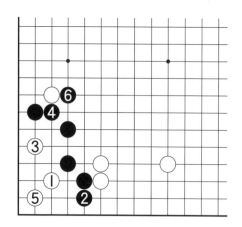

4도

### 4도 (사는 시기가 중요)

백1로 3三에 침입한 후 3, 5로 안형을 갖추면 사는 모양이다.

다만 흑도 6으로 젖히면 두텁고 하변 백도 엷으므로 사는 시기가 중요하다.

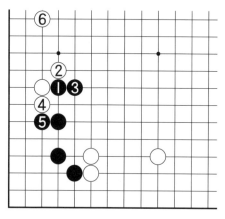

5도

### 5도 (무난한 대응)

여기는 흑1, 3으로 붙여뻗는 것이 AI가 추천하는 무난한 대응이다.

백도 4, 6으로 벌리면 서로 귀와 변을 지켜 간명하다.

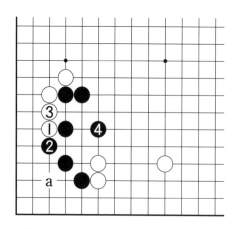

6도

### 6도 (효율적 수비)

앞 그림 흑3 때 백1로 붙이면 귀에 더욱 파고들 수 있다.

기왕 흑이 물러선다면 a의 약점도 대비할 겸 2, 4의 수비가 효율적이다.

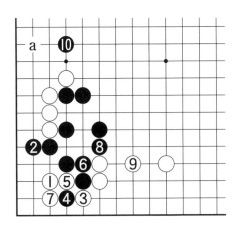

7도

### 7도 (백의 침투)

이 모양에는 백1의 침투가 노림인데, 흑2로 차단하고 백3에 넘어갈 때 흑4 이하 8로 정비한 후 10으로 협공하는 흐름이 된다.

백은 실속을 차린 만큼 좌변에서는 중앙으로 나가지 않고 a의 자체 수습으로도 견딜 수 있다.

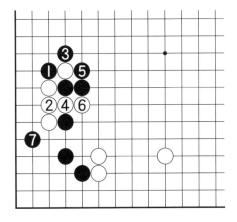

8도

### 8도 (흑, 충분)

이 시점에서 흑은 축이 유리하면 1, 3으로 반발해서 변의 한점을 잡을 수 있다.

그런 후 백4로 약점을 뚫고나오면 흑5로 안전하게 빵따냄한다. 백6으로 관통해도 흑7로 귀를 지키면 흑이 충분하다.

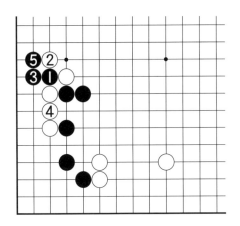

9도

### 9도 (무리한 도발)

흑1 때 백2, 4는 축이 불리하면 무리한 도발이다. 흑5로 꼬부리고 나서~

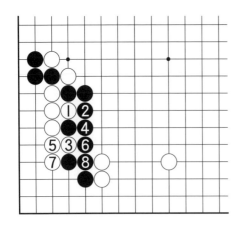

10도

### 10도 (선수 권리)

백1 이하 8까지는 중앙 흑의 약점을 이용한 백의 선수 권리이다.

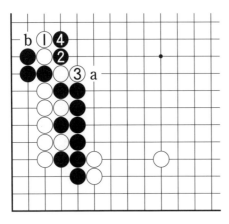

11도

### 11도 (축 관계)

이다음 백1로 늘면 흑2, 4로 몰고 나서 a의 축이 문제가 된다.

백은 축이 불리한데도 이런 식으로 두면 곤란하다. 반대로 축이 유리하면 흑4 때 백b로 석점을 잡을 수 있다.

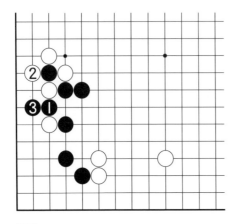

12도

### 12도 (흑의 간명책)

9도 백2 때 흑은 축이 불리해도 1, 3으로 처리하면 간명하다.

백이 두터운 빵따냄으로 약간 활발하지만 흑도 귀의 견실한 집으로 대항할 수 있다.

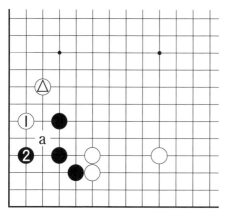

13도

### 13도 (한칸 수비)

처음으로 돌아가서, 백이 △로 다가선 후 여기를 또 둔다면 1의 날일자달림이 무난하지만 강렬한 맛은 없다.

이때 흑2의 한칸 행마는 a의 약점에도 불구하고 AI가 추천하는 수비 방법이다.

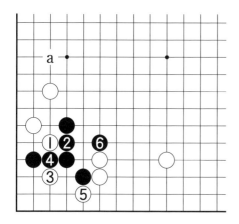

14도

### 14도 (두텁게 정비)

이다음 백1로 약점을 파고들면 흑2로 중앙을 연결한 후 백3, 5로 건널 때 흑6으로 붙여가며 모양을 두텁게 정비할 수 있다.

흑은 기회를 타서 a로 협공할 수도 있어 충분한 흐름이다.

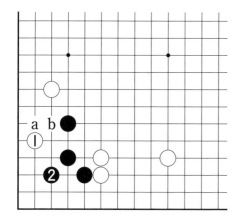

15도

### 15도 (귀의 공략법)

여기는 백1의 눈목자로 파고드는 수가 AI가 추천하는 귀의 공략법이다. 흑2로 지키는 것이 무난한데, 백은 활용 자체로 만족하고 손을 뺄 수 있다.

이후 흑a로 차단하면 백b의 끼움이 교묘한 맥으로 최대한 흑진을 활용할 수 있다.

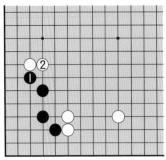

### ▦ 장면

흑1은 소위 하수의 마늘모붙임이라 해서 금기시하는 행마이지만, AI는 놀랍게도 이렇게 해두고 손을 뺄 수도 있다는 지침을 준다. 물론 상황에 따른 선택이다. 이때 귀의 공방에 대해 생각해보자.

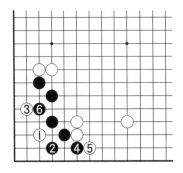

### 1도 (3三침입)

일단 백1의 3三침입이 눈에 선하다. 흑2로 압박하면 백3의 날일자 행마가 자연스럽다. 흑도 4를 활용한 후 6의 붙임이 급소이다.

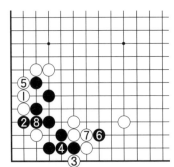

### 2도 (흑의 버팀)

이다음 백1 이하 5로 좌변 일부는 건너갈 수 있지만, 흑도 8까지 귀를 지키면 하변 백진에도 움직이는 맛이 있는 만큼 버틸 수 있다.

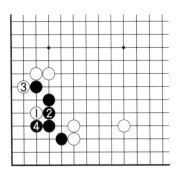

### 3도 (간명한 지킴)

백1로 변에서 침입하면 흑2, 4로 지키는 것이 간명하다.

이 과정에서 백이 귀에 더욱 파고드는 수도 있겠지만 더 나을 것이 없다.

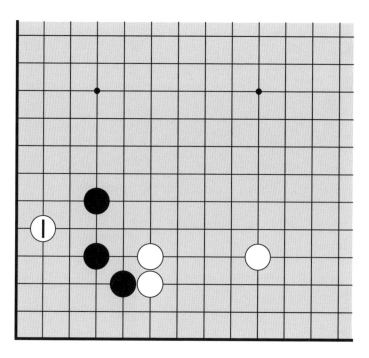

기본형

백이 변에서 다가서는 것이 온건한 사고였다면 백1의 저공 2선 침투는 당장 귀를 엿보는 공격적 착상이다.

치열하다고 모두 좋은 것이 아니지만 적절한 시기라면 매우 위협적인데, 이후의 변화에 대해 알아본다.

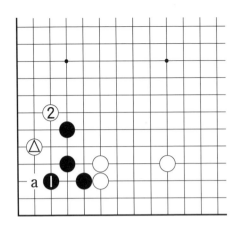

1도

## 1도 (흑, 당함)

백△의 침투에 흑1이나 a로 받는 것은 너무 귀의 지킴을 의식한 태도이다.

백2로 변에 진출하면 부분적으로 흑이 당한 결과이다.

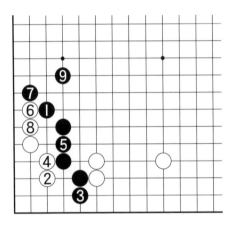

2도

## 2도 (선수 완생)

일단 흑1로 변에서 차단하고 싶다. 백2로 귀에 들어간 후 9까지 되면 백이 선수로 완생이다.

이러면 백이 귀에서는 만족이지만, 흑도 두터움을 활용할 수 있다면 충분히 둘 수 있다.

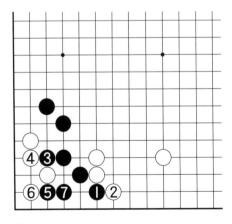

3도

## 3도 (안형 공격)

앞 그림 백2 때 흑1의 젖힘은 고심한 수단이다.

백2로 받아주면 흑3, 5로 붙이고 백6에 흑7로 늘어 백의 안형을 공격하겠다는 뜻이다.

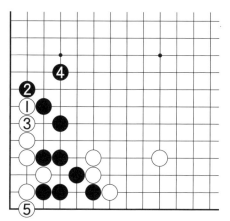

4도

## 4도 (후수 삶)

그러면 백은 1 이하 5까지 후수로 살아야 하니 불만이 이만저만 아니다.

2도와 비교하면 거의 한 수 차이가 난다.

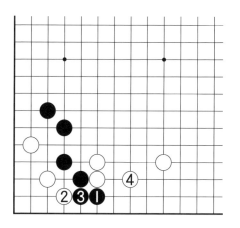

5도

## 5도 (타협)

흑1에는 백2로 들여다본 후 4로 변을 지키는 것이 적절한 대처이다. 백이 후수라도 귀는 간명하게 살아있고 변도 안정적으로 지켜져있다. 서로 타협된 결과이다.

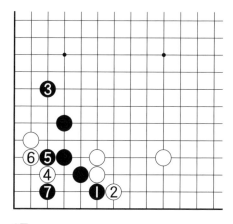

6도

## 6도 (창의적 발상)

처음으로 돌아가서, 흑1로 젖힌 후 3으로 넓게 포위하는 것은 AI도 인정하는 창의적 발상이다.

백4로 귀에 들어오면 역시 흑5, 7로 압박하겠다는 뜻인데, 그러면 4도와 비슷하게 진행되므로 백의 불만이다.

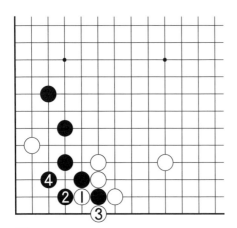

7도

## 7도 (넓게 포획)

앞 그림 흑3 때 백1, 3으로 한점을 잡고 흑4로 지키면 서로 무난한데, 흑이 침투한 백 한점을 넓게 포획하여 불만 없다.

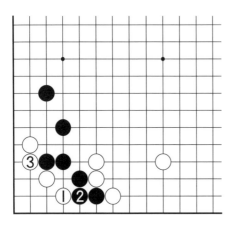

8도

## 8도 (간명한 삶?)

6도 흑5 때 백1을 선수한 후 3으로 막으면 어떻게 될까. 백은 귀에서 간명하게 살려는 뜻이 있다.

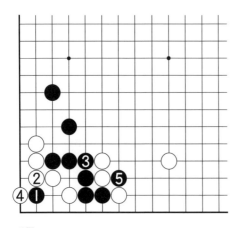

9도

## 9도 (하변 파괴)

그러면 흑1로 치중한 후 3의 곳이 귀에 선수로 작용한다.

백4로 지켜야 할 때 흑5로 끊으면 하변이 파괴되어 백이 당한 모습이다.

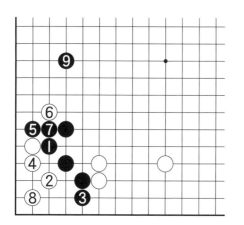

10도

### 10도 (실전적 수단)

처음으로 돌아가서, 흑1로 누르는 수도 실전적이다.

　이때 백2로 귀에 들어간 후 8까지면 알뜰한 삶인데, 흑9로 벌리면 하변 백도 약해진 만큼 전체적으로 흑이 활발하다.

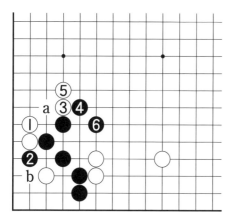

11도

### 11도 (타협 흐름)

앞 그림 흑3 때 백이 1 이하 5로 변에 모양을 갖추면 흑에 견실한 실리는 허용하지만 타협 흐름이다. 이때 백은 a의 약점 때문에 b로 넘어갈 수 없으니 귀는 안심이다. 흑6의 호구는 탄력을 주기 위함인데~

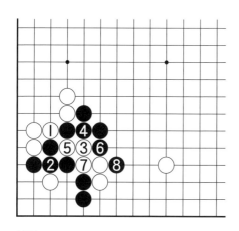

12도

### 12도 (백, 잡힘)

만일 백1을 선수해 약점을 보강한 후 3, 5로 끊으면 흑6, 8로 몰아 백 전체가 잡힌다.

　흑이 보기보다 단단한 모습임을 알 수 있다.

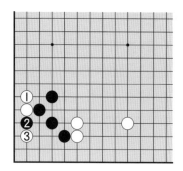

### ▦ 장면

이 장면에서 백1, 3으로 껴붙여 바로 도발해오면 흑은 어떻게 대처해야 하는지 생각해보자.

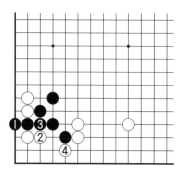

### 1도 (귀가 털린다)

당장 흑1로 차단하면 백2, 4로 넘어가서 귀가 몽땅 털린다. 흑이 제대로 당했다.

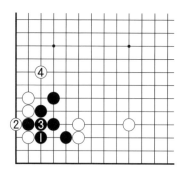

### 2도 (흑, 당함)

우선 흑1로 막는 것이 급선무이다. 백2로 넘을 때 흑3에 순순히 이으면 백4로 진출해 흑이 당한 결과이다.

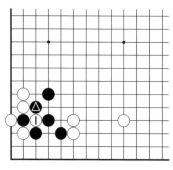

### 3도 (대승적 발상)

백이 넘어간 시점에서 흑은 손을 빼고 두는 것이 현명하다. 만일 백1로 따내면 흑은 또 손을 뺀다. 당장 흑이 죽을 돌이 아니므로 이렇게 손빼며 두는 것이 대승적 발상이다. 이런 흑의 대처가 어려우면 애초 흑▲의 방어는 피하는 편이 낫다.

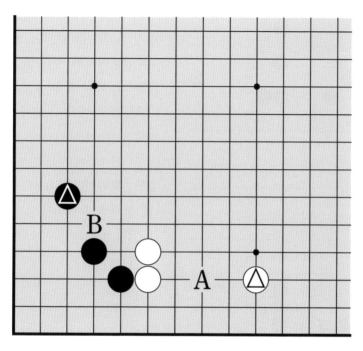

기본형

　이번에는 흑이 ▲의 날일자로 받고 백도 △로 낮게 벌린 모양이다. 이 정석에서는 흑이 A로 침입하면 백의 대응도 능동적으로 변할 수 있다. 한편 백이 두는 경우 귀의 흑 진영을 공략할 때는 B의 껴붙임에서 단서를 잡는 것이 유력한데, 이번 형에서는 이들 주도적 착상에 대해 알아본다.

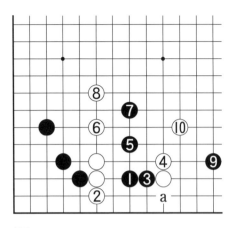

1도

### 1도 (주도적 착상)

이 정석에서 흑1로 침입하면 백2가 주도적 착상이다. 흑3으로 건넘을 방해하며 5, 7로 뛰어나가면 백도 8까지 동행한다. 흑9가 절호의 협공이지만 백은 10으로 진출하며 충분히 싸울 수 있다. 귀의 흑도 엷고 백은 유사시 a가 선수이므로 보기보다 강한 모양이다.

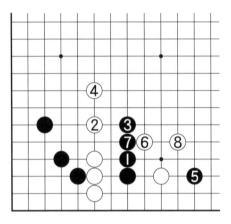

2도

### 2도 (흑의 변화)

앞 그림 백2 때 흑1로 건넘을 차단하며 3으로 나가면 백도 4까지 앞서 나간다.

이번에는 흑5가 절호의 협공이지만 백6, 8이면 충분히 싸울 수 있다.

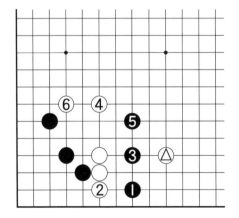

3도

### 3도 (어깨짚는 수)

백△로 높은 벌림에서 흑1로 낮게 침입할 경우에도 백은 처음부터 1로 귀와 차단할 수도 있다.

다음 5까지 서로 뛰며 힘을 겨루는데, 백도 6으로 어깨짚는 수가 제격이라 충분히 싸울 수 있다.

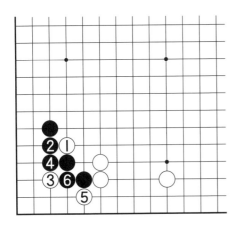

4도

## 4도 (효과적 공략)

백이 이곳을 두는 경우 축이 유리하다면 1로 껴붙인 후 3의 3三침입이 효과적인 공략이다.

흑4로 잇고 백5에 흑6으로 물러선다면 백이 포인트를 올린 결과이다.

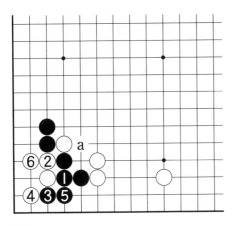

5도

## 5도 (적절한 대응)

앞 그림 백3 때 흑1로 건넘을 방해하면 백2로 끊는다.

축이 불리한 흑이 a로 나갈 수 없으므로 3, 5로 수상전을 유도하겠다는 뜻인데 백6의 꼬부림이 적절한 대응이다.

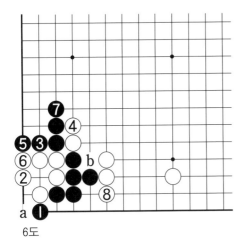

6도

## 6도 (유가무가)

이다음 흑1로 젖히면 백2로 눈모양을 만들어놓는다.

흑3으로 안형을 줄일 때 백도 4로 밀어놓고 8로 공배를 줄이는데, 다음 흑a면 백b로 조여 유가무가 흑의 죽음이므로~

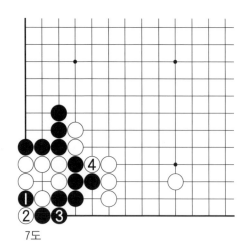

7도

### 7도 (백의 성공)

흑1로 먹여치면 4까지 1수 늘어진 패이다.

백이 불리한 패이지만 그동안 하변이 두터워졌고 흑진에서 이루어낸 패이므로 백의 성공이다.

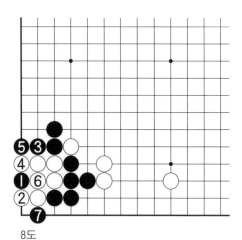

8도

### 8도 (치중)

5도 다음 흑1의 치중이면 패는 피할 수 있다.

백2에 흑3, 5는 선수이고 7로 안형을 줄이고 나서가 문제인데~

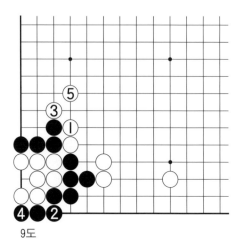

9도

### 9도 (백, 두터움)

백1로 활용을 위해 밀어둘 때 흑2의 이음이면 귀의 백을 잡을 수 있지만 백이 3, 5로 두터운 모양을 구축해서 만족이다.

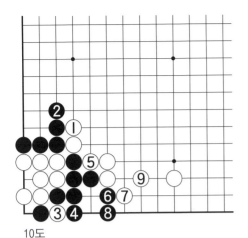

10도

## 10도 (백, 활발)

백1에는 흑2로 나갈 자리이고 다음 백3의 먹여침이 수상전의 급소이다. 이때 흑4로 따내면 백5로 틀어막은 후 9까지 필연이다.

그러면 귀의 사활은 빅이 되어 백이 활발한 형세이다.

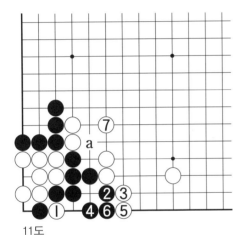

11도

## 11도 (백, 유리)

백1에 흑2, 4로 안형을 만들면 같은 빅이라도 바깥의 조임을 피할 수 있다.

그래도 백이 a의 맛을 조심하며 7로 지켜두면 설사 싸움이 벌어져도 유리한 흐름이 된다.

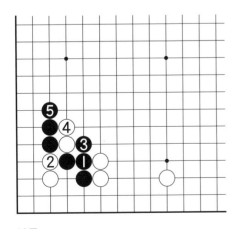

12도

## 12도 (고심의 방어)

4도 백3 때 흑도 1의 치받음이 고심의 방어이다.

이때도 백2로 끊으면 축이 불리한 흑이지만 3, 5로 늦추면서 몰아 백의 다음 행마가 어렵다.

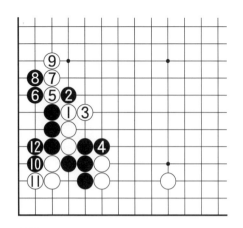

13도

### 13도 (귀의 자동사)

이다음 백1에는 흑2, 4로 리듬을 탄다.

백5의 끊음은 기세인데 흑이 6, 8로 밀고 10, 12로 살아두면 귀의 백도 자동사이므로 흑의 실리가 크다.

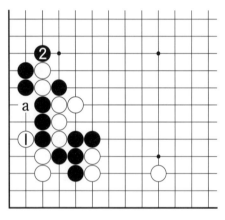

14도

### 14도 (두점머리 단수)

앞 그림 흑8 때 백1로 젖히면 흑2의 두점머리 단수가 매우 아프다.

백은 a로 끊어 선수 삶이 보장되지만 국면의 주도권은 두터운 흑이 거머쥔다.

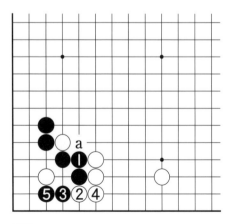

15도

### 15도 (정형)

거슬러 올라가 흑1에는 백2, 4로 젖혀 잇고 흑5로 지키는 것이 정형이며 서로 무난하다.

이에 따라 흑은 불안한 귀를 확실히 지켰고, 백은 a의 활용도 보장되어 하변이 두텁다.

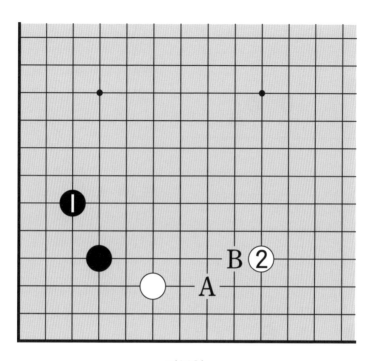

기본형

흑1의 날일자받음 정석에서 백이 귀에 파고들지 않고 둘 때는 2로 세칸 높게 벌리는 경우가 많다. 이때 이곳에서 흑이 싸움을 걸자면 A로 침입하거나 B에 붙이는 두 가지 경우가 보통이다. 여기서는 흑A로 침입하면 어떤 변화가 일어나는지 알아본다. 실전에서는 여러 갈래 길에서 주변 상황에 맞게 선택하면 좋을 것이다.

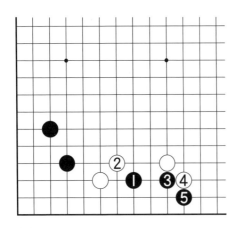

1도

### 1도 (느슨한 포위)

흑1로 침투할 때 백2의 마늘모로 포위하는 것은 느슨한 행마이다.

흑은 알기 쉽게 정리하는 방법이 있는데 3, 5로 붙이고 젖히면 백이 어떻게 해도 흑의 타개가 순조롭다.

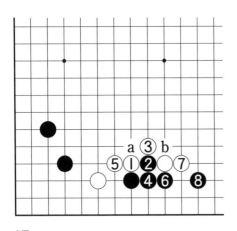

2도

### 2도 (백, 불리)

중앙을 포위한다면 백1의 붙임이 확실하다. 우선 흑2의 끼움은 축이 유리할 때 쓰는 수단이다.

이때 백3으로 위에서 단수친 후 8까지 변화는 상황에 따라 둘 수 있지만 보통은 백이 a와 b의 약점으로 불리하다.

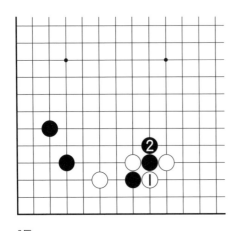

3도

### 3도 (아래쪽 단수)

이때는 백1로 아래쪽 단수가 기세이고 흑2로 나가게 된다. 이후의 변화는 14형에서도 나오므로 그때 자세히 배우기로 한다.

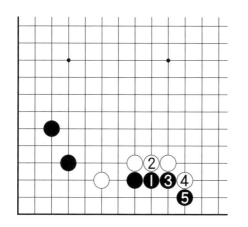

4도

## 4도 (흑의 간명책)

이 시점에서 흑1로 나가는 것이 간명하지만 백은 2로 두텁게 틀어 막아 불만 없다.

흑3, 5로 젖힐 때 백의 선택에 따라 변화가 일어난다.

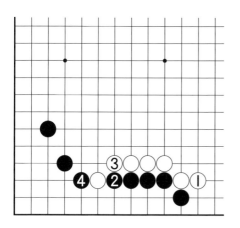

5도

## 5도 (알찬 실리)

이다음 백1로 물러서고 흑2, 4로 넘어가면 귀에서 변으로 이어진 흑의 실리가 알찬 모습이다.

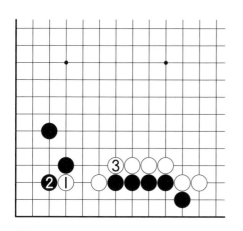

6도

## 6도 (유력한 발상)

앞 그림 흑2 때 백1로 귀의 붙임을 선수한 후 3에 막는 것도 유력한 발상이다.

귀는 지키게 하더라도 변과의 연결을 원천 차단하려는 뜻이다.

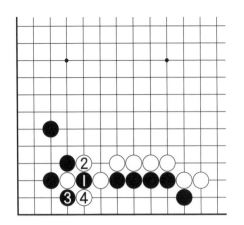

7도

## 7도 (강하게 차단)

이다음 흑1의 단수는 백2, 4로 패를 불사하며 강하게 차단해 흑이 불안하다.

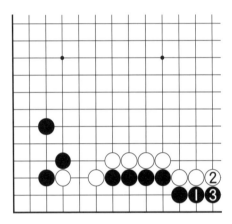

8도

## 8도 (백, 두터운 흐름)

6도 다음 흑이 1, 3으로 2선을 밀어서 살아야 한다면 일단 이 자체로 백이 두터운 흐름이다.

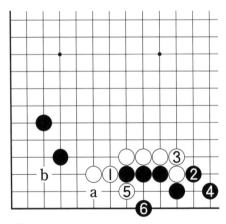

9도

## 9도 (타협)

4도 다음 백1의 막음이 보통인데 흑을 변으로 내몰며 귀에 노림을 갖겠다는 뜻이다. 이하 6까지 서로 타협인데 이제부터는 주변 상황에 따라 다음 선택이 결정된다.

이 진행에서는 백a가 하변 흑에 선수가 된다면 이를 발판으로 백b의 침입이 자연스럽다.

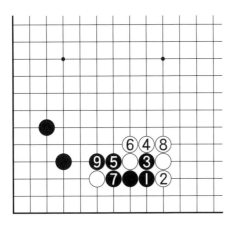

10도

### 10도 (두터움 활용이 관건)

거슬러 올라가, 흑1로 나갈 때 백2로 막는 것은 흑의 하변 진출을 방어하려는 뜻이다. 그러면 흑3으로 나가 단점을 만든 후 9까지 서로 일단락이다.

흑의 실리가 커서 백이 두터움을 크게 활용할 수 있어야 가능한 선택이다.

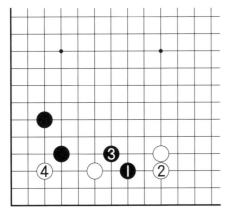

11도

### 11도 (3三침입)

처음으로 돌아가서, 주변 상황에 따라서는 흑1의 침입에 백2로 차렷해서 지킬 수도 있다.

아예 흑이 하변으로 진입하지 못하게 막겠다는 뜻이다. 이때 흑3의 마늘모로 포위하면 백4의 3三침입이 노출된다.

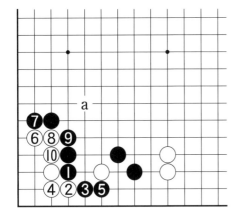

12도

### 12도 (알차게 삶)

계속해서 흑1로 막은 후 10까지 백이 귀에서 알차게 살고 나면 약점도 남아 흑이 실속이 없다.

흑a로 약점을 지키자니 발이 느려 불만이다.

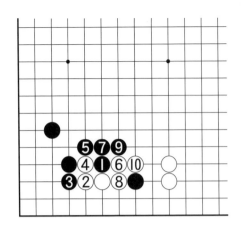

13도

### 13도 (간명한 진행)
위에서 포위한다면 흑1의 붙임이 보통이다. 백2로 나가면 흑은 선택의 기로에 놓인다.

흑3은 귀의 지킴인데 이하 10까지 일단락이다. 서로 귀와 변에서 실리를 얻어 간명한 진행이다.

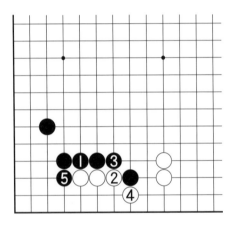

14도

### 14도 (흑, 만족)
앞 그림 백2 때 흑1의 막음은 중앙을 중시하면서 변까지 정리하려는 뜻이다.

이때 백2, 4로 넘어가면 흑5로 귀의 지킴이 커서 흑의 만족이다.

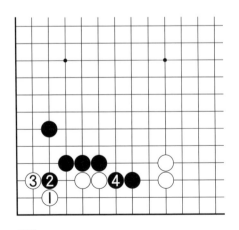

15도

### 15도 (모양을 정리하는 수순)
백도 1로 귀에 들어가는 것이 우선이다.

흑2, 4는 맥을 구사하며 모양을 정리하려는 수순인데~

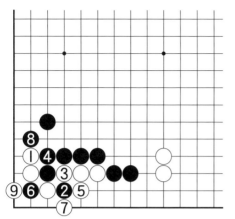

16도

## 16도 (두터운 정리)

여기는 백1로 나갈 때 흑2로 젖힌 후 9까지 일단락인데, 흑이 선수로 두텁게 정리되었다.

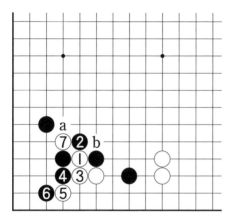

17도

## 17도 (백의 도발)

되돌아가서 백1의 끼움은 노림을 간직한 도발이다. 흑2, 4로 귀를 막으면 백5로 젖힌 후 7의 끊음이 노림이다.

다음 흑a면 백b로 하변 백의 실리가 커지므로~

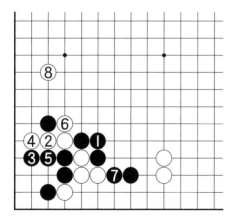

18도

## 18도 (바꿔치기)

흑1로 이으면 백2, 4를 선수하고 6으로 나가면서 흑7과 백8로 일단락하며 바꿔치기 양상이다.

흑의 하변 실리도 크지만 백도 좌변에 새로 모양을 구축해서 충분하다.

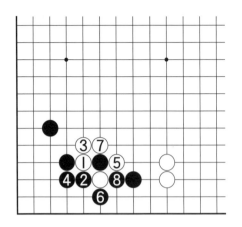

19도

### 19도 (흑의 간명책)

백1의 끼움에는 흑도 간명한 대처가 있다. 흑2, 4로 귀를 지키며 버티는 것인데 백5에 흑6, 8로 넘어간 후 중앙 약점도 노려 충분히 둘만하다.

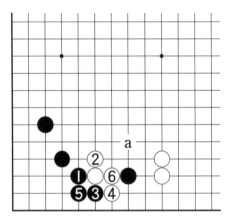

20도

### 20도 (귀부터 방어하는 경우)

흑이 귀부터 방어하는 수단도 유력하다. 흑1로 붙이고 3, 5로 젖혀잇는 것이 그중의 하나이다.

백이 6으로 이으며 흑 한점을 제압하지만 a쪽 활용도 남은 흑이 선수를 잡고 충분히 둘 수 있다.

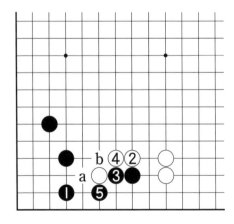

21도

### 21도 (한칸 지킴)

흑1의 한칸 지킴도 한수의 가치가 있는 유연한 행마이다. 백2로 붙이면 흑3, 5로 넘어가는 진행이 된다.

이후 백은 상황에 따라 a로 늘든가 b로 이어서 활용한다. 어쨌든 흑은 후수이지만 귀와 변을 모두 정리할 수 있다.

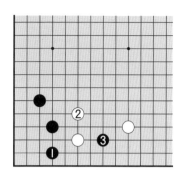

### 장면

백의 세칸높은벌림에서 흑1로 귀를 먼저 지키면 백2로 뛰는 것이 하나의 틀이다.

이때 흑3으로 침입하면 어떻게 될지 생각해보자.

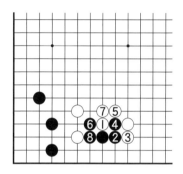

### 1도 (붙임)

일단 백1로 붙이는 자세가 좋다. 흑은 2 이하 8까지 백의 약점을 헤쳐 나가게 되는데~

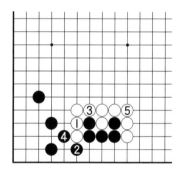

### 2도 (두터움 확보)

백이 1, 3을 틀어막아 활용한 후 5로 이으면 후수를 감안하더라도 상당한 두터움을 확보할 수 있다.

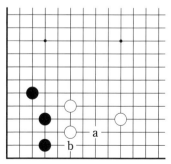

### 3도 (침입 보류)

그래서 이 형태에서는 흑a의 침입은 보류하는 경우가 많다.

상황에 따라 흑은 b로 붙여 끝내기하는 것이 현실적일 때도 있다.

세칸높은벌림에 붙임

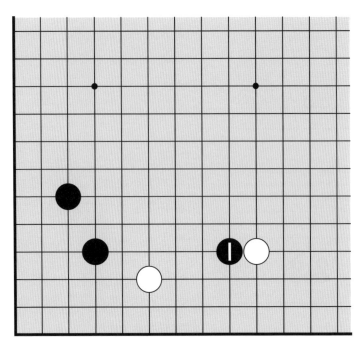

기본형

　　이번에는 흑1로 세칸벌림의 옆구리에 붙이는 변화에 대
해 알아본다. 이렇게 붙이면 끈질기게 백을 갈라놓으며 치
열한 싸움이 예상되지만, 응수에 따라서는 자연스런 타협
에 의해 두텁게 정리하려는 활용의 뜻도 있다. 백도 이를
염두에 두고 상황에 따른 최적의 선택을 해야 한다.

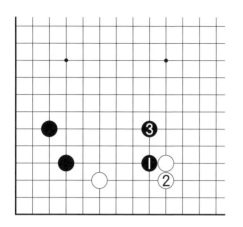

1도

### 1도 (백의 간명책)

흑1에 백2로 얌전히 내려서면 일단 무난한데 흑3으로 뛰면서 활용하면 부분적으로는 흑이 활발하다. 백의 상황에 따른 간명책이다.

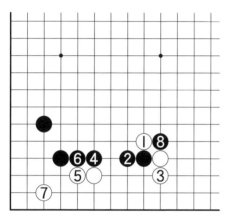

2도

### 2도 (강력한 반격)

백1, 3으로 젖히고 내려서는 것은 적극적 대응인데 흑의 반격도 감안해야 한다. 흑4에 백5, 7로 귀에 뿌리를 내리면 흑8의 끊음이 강력한 반격이다.

이 수에 백이 적절히 대처하지 못한다면 애초 백1, 3은 무모한 대응일지 모른다.

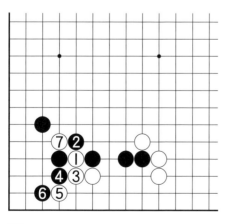

3도

### 3도 (교묘한 수순)

앞 그림 흑4 때 백1의 끼움은 흑진의 틈새를 파고든 준동이다.

이때 흑2, 4로 위에서 몰고 막으면 백5, 7의 끊음이 교묘한 수순이다.

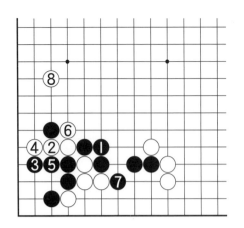

4도

### 4도 (바꿔치기)

이다음 흑1로 이으면 백은 8까지 바꿔치기를 강행한다. 13형에서도 보았던 수순과 비슷한데 흑의 실리도 크지만 백도 좌변에 모양을 구축해서 충분하다.

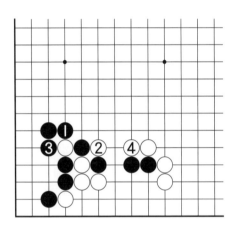

5도

### 5도 (백, 만족)

3도 다음 흑1로 잡으면 백2, 4로 하변을 제압해 이 진행은 백의 만족이다.

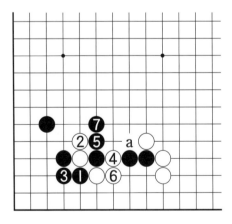

6도

### 6도 (현명한 대처)

거슬러 올라가 백의 끼움에는 흑1, 3으로 밑에서 몰고 잇는 것이 현명한 대처이다.

백4, 6으로 정돈할 때 흑이 7로 두점을 잡은 후 a의 맛을 노리면 견실한 흑집이 돋보인다.

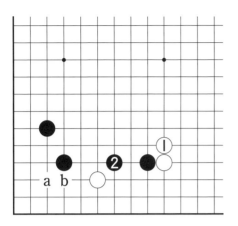

7도

## 7도 (올라서는 변화)

처음으로 돌아가서 백1로 올라서는 것은 중앙을 두텁게 운영하려는 뜻이다. 흑2로 어깨 짚으면 백은 a 또는 b의 수단을 노리며 둘 수 있다.

다만 흑이 볼 때 모양이 정리되지 않아 마음에 들지 않으면~

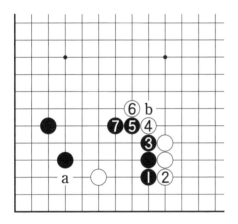

8도

## 8도 (실전적인 방안)

흑1로 뿌리를 내린 후 7까지 모양을 형성해가는 것도 실전적인 방안이다. 그런 후 흑은 a의 지킴과 b의 끊음을 노린다.

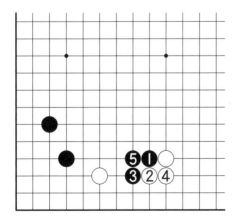

9도

## 9도 (분단)

흑1에 백2로 밑에서 젖히면 흑3의 되젖힘이 행마의 요령이다.

여기까지 많이 두는 변화인데 이때 백4로 이으면 흑5로 잇기만 해도 알기 쉽게 백이 분단된다.

상황에 따른 임시방편이 아니라면 일단 백이 기분 나쁘다.

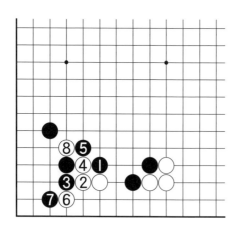

10도

### 10도 (실전적 붙임)

앞 그림 백4 때 흑1의 붙임은 이곳을 두텁게 정리하려는 실전적 수단인데 백2에는 흑3으로 귀에서 막을 수 있다.

이때도 백4로 나와 6, 8로 끊으면 어떻게 될까.

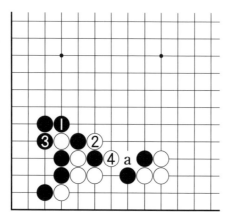

11도

### 11도 (흑의 자랑)

이번에는 흑1로 좌변을 방어한다. 백2, 4로 한점을 잡지만 흑은 하변에서도 a로 이어 싸울 수 있는 것이 자랑이다.

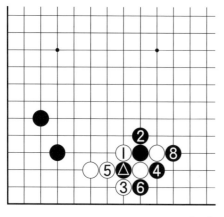

12도

### 12도 (백, 불리)

9도 흑3 때 백1, 3으로 한점을 잡는 것은 축이 좋든지 적당한 팻감이 있든지, 둘 중 하나는 충족해야 한다. 흑4, 6을 선수한 후 8의 축이 성립하면 백은 무거운 모양이 되어 불리하다.

⑦‥▲

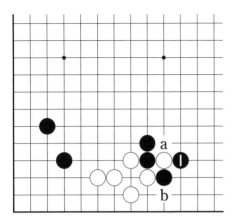

13도

### 13도 (활력)

앞 그림 흑6의 단수활용을 해두지 않고 이 그림 흑1로 잡으면 상황이 달라진다.

백은 축머리를 이용하든지 손을 빼도 되는데, 이후 흑a로 한점을 따내더라도 b로 젖힐 여지가 남은 백도 모양에 활력이 생겨 충분히 둘 수 있다.

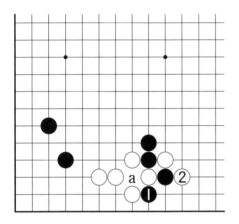

14도

### 14도 (초반 무패)

백은 축이 불리하지만 적당한 팻감이 있다면 흑1 때 백2로 단수쳐서 a의 패를 시도할 수 있다.

다만 초반에는 이를 능가하는 팻감이 없다고 봐야 한다.

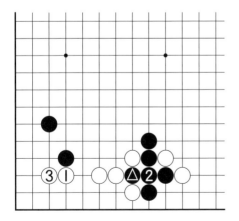

15도

### 15도 (흑, 두터움)

이다음 흑▲로 따내고 나서 백1로 자체 팻감을 쓴다면 흑이 2로 해소해서 두텁다.

백이 3으로 귀를 차지해도 불충분하다. 흑 주변에 폐석이 붙어있는 백이 비효율적이지 않은가.

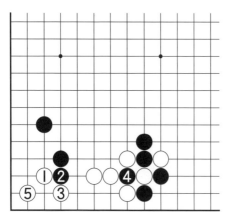

16도

### 16도 (효율적 방안)

백도 출구가 아예 없는 것이 아닌 데 패를 시도할 것이 아니라 1로 침입해서 팻감을 만들어가는 것이 효율적 방안이다. 흑은 2로 하나 선수한 후 4로 따내며 백도 5로 지켜둔다. 이 진행이면 패가 아직 마무리되지 않았기에 서로 어울렸 지만 앞으로 운영하기가 어렵다.

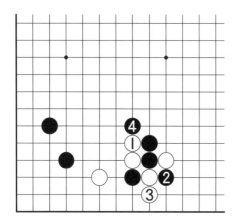

17도

### 17도 (백의 일책)

백의 축이 불리하면 이 시점(12도 흑2)에서 백이 좌우 어느 쪽이든 중앙으로 밀어가는 것도 일책이 다. 백1로 왼쪽에서 밀면 흑2, 4 가 효율적 수순인데~

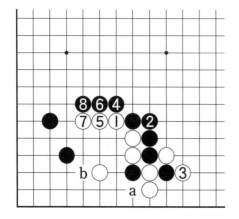

18도

### 18도 (봉쇄)

백1로 조처한 후 3의 하변 지킴도 필연이다. 백이 하변을 해결한 대 신 흑은 4 이하 8까지 봉쇄해서 두텁다.

　더불어 흑은 나중에 a의 활용 맛이 있어 b의 붙임이 선수가 되 면 실리도 어느 정도 보장된다.

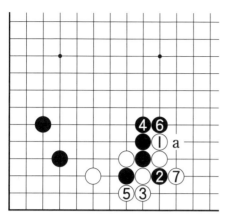

19도

### 19도 (두터운 꼬부림)

이번에는 백1로 오른쪽에서 미는 변화이다.

흑2, 4가 효율적 수순이고 백5로 잡을 때 흑6으로 꼬부려 두텁게 두는 것이 국면을 운영하는 요령이다. 백7 다음 흑은 a쪽 활용도 있어 중앙이 생각보다 두텁다.

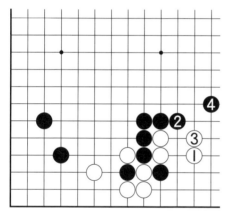

20도

### 20도 (폭을 넓힌다)

앞 그림 백7 대신 1로 하변의 폭을 넓히면 흑도 2, 4로 중앙의 폭을 넓힐 수 있다.

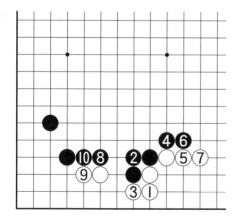

21도

### 21도 (임기응변)

흔히 두지는 않지만 백1도 임기응변이다. 흑2로 잇고 백3으로 넘어가는 정도이다. 흑은 4 이하 10까지 틀어막아 두터움을 확보할 수 있다. 백도 실리를 챙기며 선수이니 버틸 수 있다는 생각이다. 물론 이런 두터움은 함부로 허용해선 안 되니 상황에 따른 간명책이다.

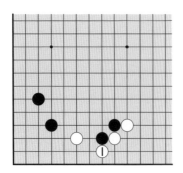

### ▦ 장면

이 장면에서 백1의 이단젖힘은 중앙 두터움을 주지 않으려는 결연한 버팀인데, 흑의 대처법에 대해 알아보자.

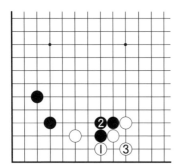

### 1도 (백의 주문)

백1에 흑2로 이으면 백은 3의 탄력적 모양을 갖춰 대항할 수 있다. 흑의 두터운 대처이지만 백의 주문이기도 하다.

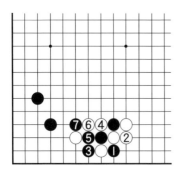

### 2도 (흑의 반격)

백의 이단젖힘에는 흑1, 3으로 잡으며 반격을 시도할 수 있다. 백4, 6으로 막을 때 흑7의 끊음은 당연하다.

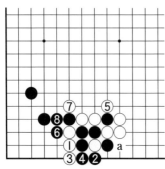

### 3도 (실리가 크다)

이다음 백1, 3으로 선수한 후 5의 따냄은 필연이다. 흑은 6으로 잡고 백7에 흑8로 이으면 일단락인데 두터움을 허용한 대신 흑의 실리가 크다. 백의 두터움에는 a가 열려있어 약간 불만이다.

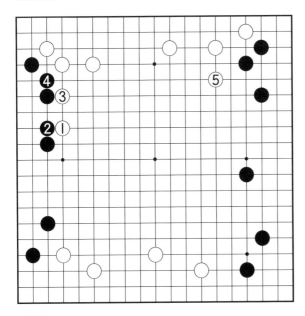

실전 1

### 실전 1

AI시대 이전에 많이 두
던 포석 흐름인데 상변
이 백의 진영으로 자리
잡고 있다.

백은 모양의 입체화
를 위해 1, 3으로 눌러
놓고 5로 폭을 넓혔다.
이때 백1, 3은 좌변 흑
의 저자세를 활용하는
정석 이후의 수법이다.

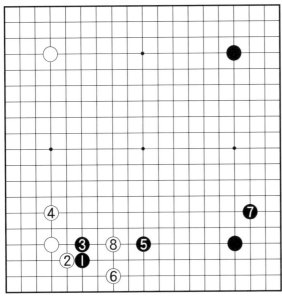

실전 2

### 실전 2

화점 포석에서 흑1의 걸
침에 백2로 붙이고 흑5
의 벌림까지 이제는 AI
시대의 기본 정석이 되
었다.

이때 백6의 저공 침
투도 상용 수단인데 '모
르면 손을 빼라'는 격언
대로 흑7로 향했고 백8
로 대가를 찾는 진행이
실전에 자주 등장한다.

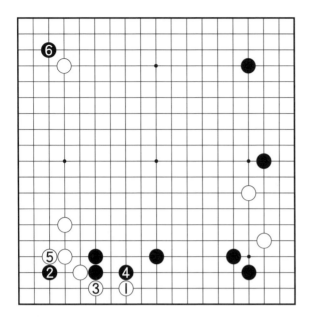

실전 3

### 실전 3

이 포석에서는 백1의 하변 침투에 흑2로 즉각 3 三에 침입했는데 이런 경우의 대응법이다.

백3에 흑4로 변을 두텁게 방어하고 백5로 귀를 지킬 때 흑이 손을 빼고 6으로 향했다.

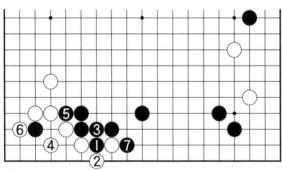

참고도 1

### 참고도 1 (정석 마무리)

좌하귀에서 흑이 손을 뺐지만 이곳 정석을 마무리한다면 흑1로 끼운 후 7까지 일단락이다.

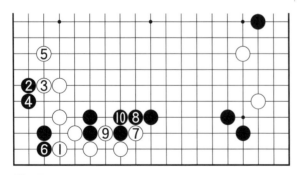

참고도 2

### 참고도 2 (AI 추천)

실전 백5 대신 1의 호구 대응도 있는데 귀와 변을 동시에 제어하려는 뜻이다. 흑이 2 이하 6까지 귀에 살면 백은 7, 9를 선수해서 변으로 진출한다. AI가 보여주는 추천 변화였다.

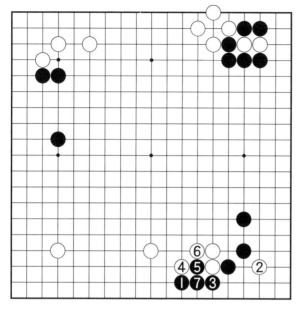

실전 4

### 실전 4

이 포석에서도 흑1의 하변 침투에 백2로 귀에 침입해서 맞대응했는데, 흑은 3으로 넘은 후 7까지 변을 먼저 간명하게 정리했다.

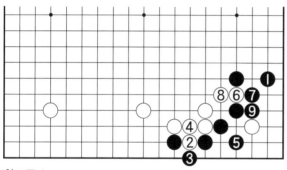

참고도 1

### 참고도 1 (AI 추천)

실전 백4 때 AI는 흑1로 귀의 지킴을 추천한다. 이 모양에서는 백도 9까지 양쪽에서 끼워이음을 선수할 수 있다. 수순 중 백6은 배워둘 만한 맥점이다.

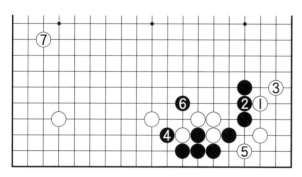

참고도 2

### 참고도 2 (실전 이후)

실전 이후 AI의 추천 변화와 의미를 소개한다.

백은 1, 3으로 살고 5로 귀를 다진 후 7로 다가서는 행마의 리듬이 활발하다. 그동안 흑 4, 6으로 하변이 제압되지만 귀를 장악한 백은 제 역할을 다한 일부를 버려도 충분하다.

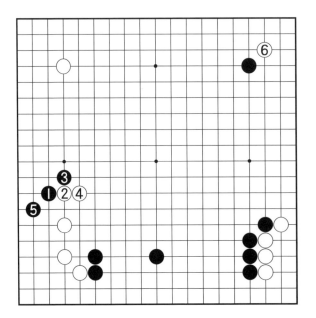

실전 5

### 실전 5

좌하귀의 화점 마늘모
붙임 정석 이후 흑1로
다가서면 백2, 4의 붙
여뻗음이 가장 간명하
다. 흑은 5의 마늘모 행
마가 일책인데 백은 일
단 손을 빼고 6으로 향
했다.

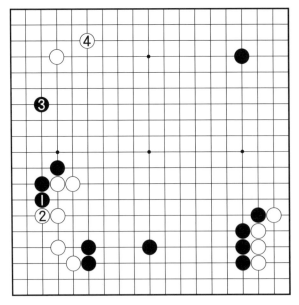

참고도

### 참고도 (AI 추천)

실전 백4 때 흑1로 들
어간 후 3에 벌리고 백
4의 날일자로 받는 것
이 AI의 추천 일순위이
다. 이런 진행이면 아주
무난한 포석이다.

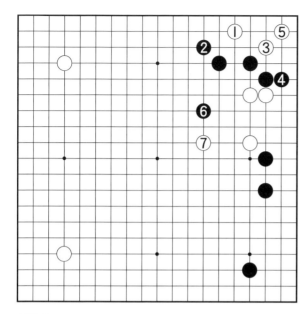

실전 6

한때 유행했던 변형 중
국식 포석에서 나온 모
양인데 우상귀가 초점
이다. 귀를 향해 백1로
낮게 침투하고 흑2로 차
단하자 백3, 5로 상대
집안에서 살았다. 흑6의
공격에는 백7의 두칸뜀
이 가벼운 탈출인데 귀
를 부순 만큼 우변 백의
타개가 관건이다.

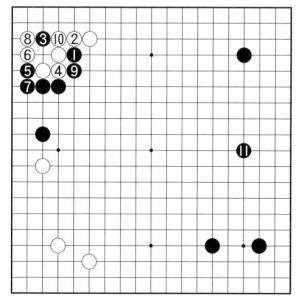

실전 7

실전 7

좌상귀 마늘모붙임 정
석 이후 백의 날일자 틈
새를 파고들며 흑1, 3
으로 귀에 침입했다.

축이 불리한 백은 4의
치받음이 최강의 버팀이
며 흑5로 젖힌 후 백10
까지 간명하게 타협하는
정석이다. 선수를 잡은
흑이 11의 큰 곳으로 향
했다.

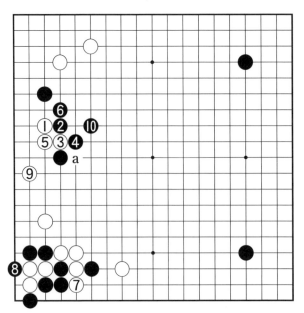

실전 8

## 실전 8

좌변 세칸높은벌림 정석에서 백1은 상용 침입이다.

흑2에 붙일 때 백은 좌하 세력을 배경으로 3에 끼우고 흑은 10까지 간명하게 정리했다. 백은 좌변에 근거를 확보하고 a의 끊음도 노려 충분하다.

## 실전 9

이 포석에서는 상변 흑의 모양이 커지기 전에 세칸높은벌림에 백1로 침입했다. 흑2에 백3의 끼움은 축이 유리하므로 가능하다. 흑은 4, 6에 막고 10까지 두껍게 정리한 후 12로 귀와 연동해서 상변을 지켰다. 그 동안 백도 좌상을 장악했고 13으로 흑의 세력을 견제해서 충분하다.

실전 9

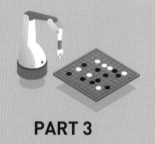

PART 3

# 허허실실
# 능동형 정석

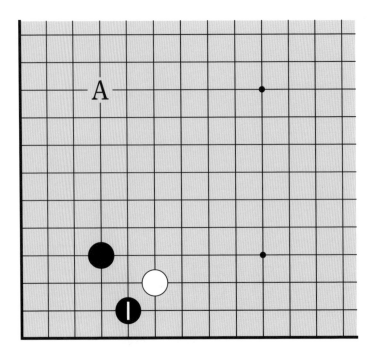

기본형

　흑1의 2선 날일자받음은 일명 '처진 날일자'라고도 부른다. 매우 적극적으로 상대를 압박하는 반면 귀의 엷음도 노출된다. 그렇다고 쉽게 대응했다간 낭패를 볼 수도 있다.
　특히 A쪽에 우군이 있을 경우 흑1은 강렬한 맛이 있다. 백도 직접 부딪치기보다는 가볍게 대응하려는 사고가 필요하다.

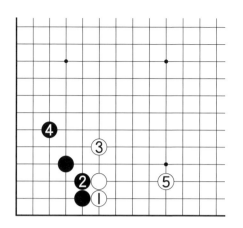

1도

### 1도 (백이 막는 경우)

백1로 막는 것은 축이 유리할 때 가능하다. 흑2로 귀를 지키고 5까지 되면 서로 무난하지만 백이 약간이라도 활발하다.

애초 흑은 이런 진행을 바라지 않았을 테고~

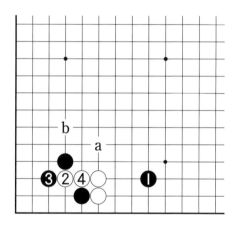

2도

### 2도 (유력한 협공)

이 모양에서는 흑1의 협공이 능동적 방안이다. 이때 백a는 흑b로 백의 실속이 없으므로 백은 2의 붙임으로 귀의 약점을 건드려 정비하는 편이 낫다.

흑3의 젖힘과 백4의 이음은 필연인데~

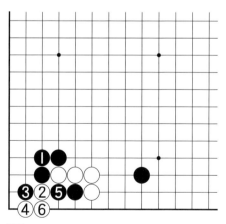

3도

### 3도 (이단젖힘)

이다음 흑1로 잇는 것은 백2, 4의 이단젖힘이 안성맞춤이다. 흑5로 단수쳐도 백6으로 이으면 일단 흑 두점이 잡힌다.

상황에 따라 이렇게 두는 방법도 있지만, 백은 귀를 파고들면서 정비하는 모양이라 불만 없다.

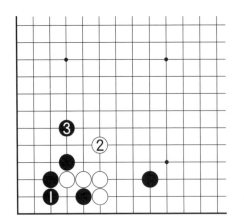

4도

### 4도 (백의 불만)

2도 다음 흑1로 내려서는 것이 강수이다. 이때 백2로 단순히 뛰면 흑3으로 쫓겨서 백의 불만이다.

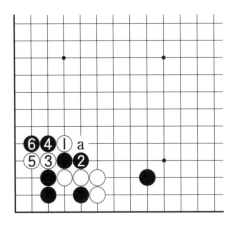

5도

### 5도 (붙이는 맥점)

백도 1의 붙임이 이 모양에서의 맥점이다. 만일 흑2로 나가면 백3의 끊음이 통렬하다.

흑4, 6으로 두점을 잡으려 해도 백a의 축에 걸린다. 물론 이 축은 백이 유리해야 한다.

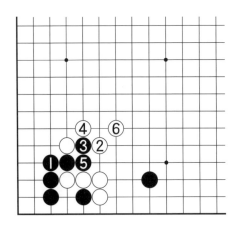

6도

### 6도 (끼워이음)

축이 불리한 흑은 1의 이음이 정수이다.

이때 백2의 뜀이 가벼운 행마처럼 보이는데 흑3, 5로 끼워잇는 것이 모양을 허무는 좋은 수순이다. 백6으로 지키면 안심이라는 생각이지만~

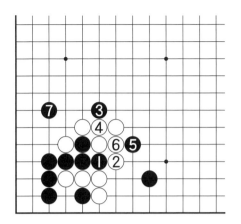

7도

### 7도 (활용)

흑이 1로 찔러놓고 3, 5를 순서대로 활용한 후 7로 변에 달리면 백은 모양이 무거워져서 당한 결과이다.

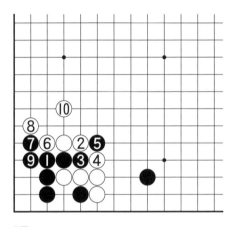

8도

### 8도 (당당한 싸움)

흑1에 차라리 백은 2로 흑3, 5의 끊음을 유도해서 싸우는 편이 당당할지 모른다.

백은 6으로 막고 10까지 양쪽으로 갈라졌지만 충분히 싸울 수 있다.

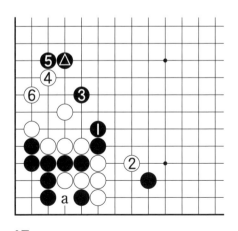

9도

### 9도 (안전보장)

설사 흑▲의 기착점이 있어 1, 3으로 연합 포위한다 해도 백은 4, 6으로 안에서 사는 데는 문제없다. 하변 백도 2로 쫓기지만 a가 귀의 사활에 선수이므로 유사시 삶이 보장된다.

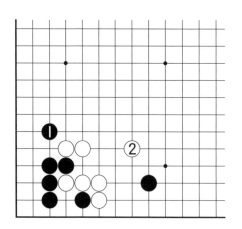

10도

### 10도 (백, 활발)

8도 백2 때 흑1로 진출하면 타협인데 백이 2로 연결하며 중앙을 제어해서 활발하다.

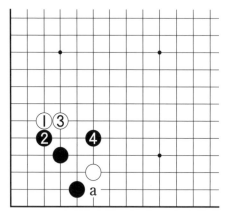

11도

### 11도 (반대쪽 걸침))

백은 축이 불리하면 a로 직접 대응하지 않고 다른 방안을 찾아야 하는데 1로 반대쪽 걸침도 생각할 수 있다. 그러면 흑2, 4로 갈라 상황에 따라서는 치열한 싸움이 예상되는데 처음부터 기반도 없이 싸워대는 것은 좋을 리 없으므로 상책은 아니다.

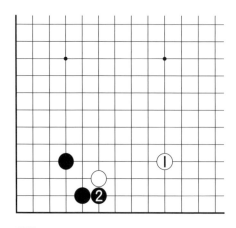

12도

### 12도 (유연한 벌림)

백1은 유연한 벌림이다. 흑2로 밀면 백은 이곳을 받지 않고 활용한 것만으로도 충분하다.

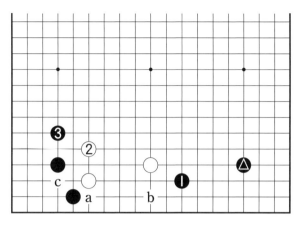

13도

### 13도 (활발한 구상)

이 정석의 일반적인 배경인 흑❹에서 1로 다가서면 백a의 막음은 b의 뒷문이 열려 능률이 떨어진다. 차라리 백2로 중앙으로 움직이며 c쪽 엷음을 노리는 것이 활발한 구상이다.

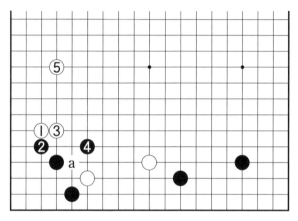

14도

### 14도 (싸우는 방안)

하변에 기반을 마련한 백은 1로 걸치고 싸움을 걸 수도 있다.

　흑2, 4에는 백5로 벌린 후 a의 차단을 노리며 두는 것이 하나의 방안이다.

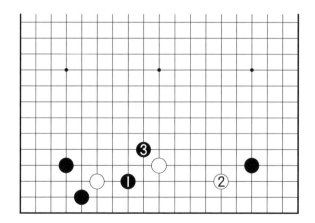

15도

### 15도 (흑, 활발)

흑은 1의 직접 침입도 생각할 수 있다.

　이때 백2로 손을 빼고 걸치면 흑이 3으로 폭을 넓히며 중앙으로 진출해서 활발하다.

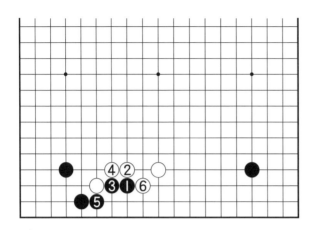

16도

### 16도 (중앙 두터움)

흑1에는 백2의 붙임이 당연하다.

흑3, 5로 넘어가면 백6으로 막아 중앙이 두터운 백이 만족이다.

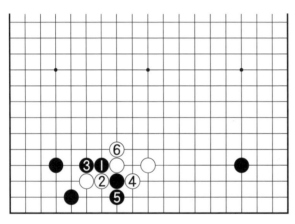

17도

### 17도 (간명한 수순)

앞 그림 백2 때 흑1로 젖히면 백2로 끊은 후 흑3에 백4, 6으로 두점을 버리는 것이 간명한 수순이다.

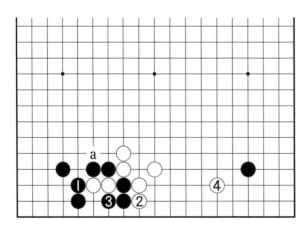

18도

### 18도 (백의 리듬)

이다음 흑1로 단속하면 백2, 4로 걸치는 리듬이 순조롭다.

백이 당장은 아니지만 a의 활용하는 맛도 이 모양의 장점이다.

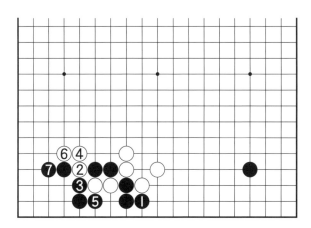

19도

### 19도 (중앙 차단)

17도 다음 흑1로 나가면 백2의 끼움이 맥이다. 흑3, 5로 잡을 때 백은 6을 선수해놓고 손을 빼도 된다. 중앙 출구를 차단한 백이 활발한 흐름이다.

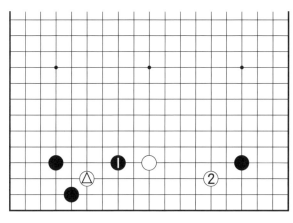

20도

### 20도 (흑, 불만)

되돌아가서 흑1의 높은 침입은 중앙을 틀어막겠다는 뜻인데 백이 상대하지 않고 2로 걸쳐도 된다.

그러면 흑이 백△를 효율적으로 제압하기 어려워 불만이다.

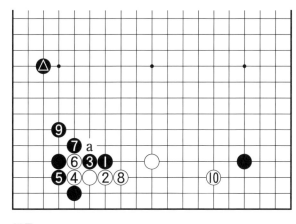

21도

### 21도 (고압책)

흑△의 기착점이 있는 경우 흑1의 고압책도 있다. 백이 타협하자면 9까지 처리한다.

좌변 흑의 진영이 그럴듯하지만 a의 약점이 남았고 백도 10으로 걸치면 충분하다.

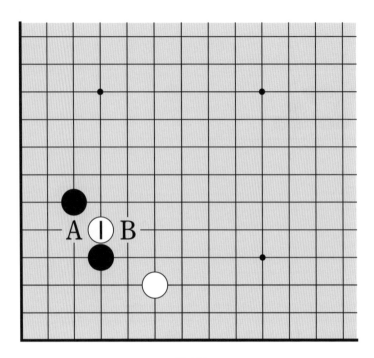

기본형

날일자받음에 대뜸 백1로 꺼붙이는 것은 상당히 저돌적인 수단이다. 무모한 도발이라고 생각할 수도 있지만 상황에 따라 시도해볼 수 있는 응수타진이다.

흑은 A의 수비적 방어와 B의 공격적 방어, 어느 쪽이든 선택할 수 있는데 이후의 변화에 대해 알아본다.

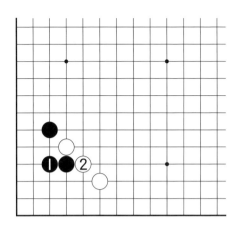

1도

## 1도 (나약한 태도)

우선 흑1로 물러서는 것은 나약한 태도이다. 백2로 막으면 흑 모양이 엷고 힘이 없어 당한 결과이다.

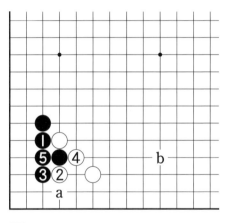

2도

## 2도 (활용)

일단 흑1로 막으면 편하다. 백2로 붙이는 것이 2차 응수타진인데 흑 3, 5로 눌리면 제대로 활용당한 모습이다.

백도 이곳을 둔다면 a는 실리에 집착한 제자리걸음이며 b 정도로 벌리는 것이 모양을 최대한 활용하는 요령이다.

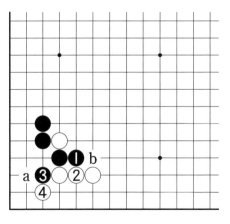

3도

## 3도 (두터운 수순)

앞 그림 백2 때 흑1로 나간 후 3에 젖히는 것이 두터운 수순이다.

주의점은 백4의 젖힘에 흑a로 받으면 백b도 활용되니 흑의 불만이다. 흑은 이곳에서 손을 빼도 두터움만으로 충분하다.

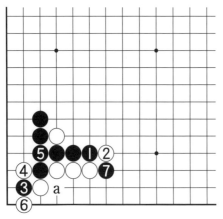

4도

### 4도 (백의 고생길)

이곳 흑의 두터움은 1로 누를 때 백2의 젖힘이 거북하다는 점에 있다. 그러면 귀에서 흑3의 이단젖힘이 안성맞춤이다.

　백4, 6으로 잡으면 a의 약점이 생겨 흑7의 끊음이 통렬하며 중앙 백 한점의 고생길만 열렸다.

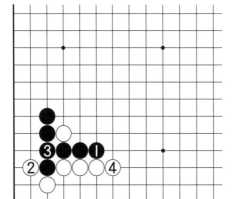

5도

### 5도 (흑, 두터움)

흑1에는 백도 2, 4로 귀의 선수를 활용하며 물러서는 것이 안전한데 흑이 실리는 주더라도 두터움이 돋보인다.

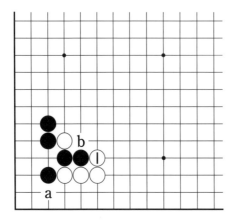

6도

### 6도 (두터운 자리)

3도 흑3 때 백1의 꼬부림이 두터운 자리이다. 이때 흑이 a로 실리를 추구하면 백b의 단수 활용을 당해 손해이다.

　여기서 흑도 손을 빼는 것이 현명하며 백의 발이 약간 느리지만 서로 타협이다.

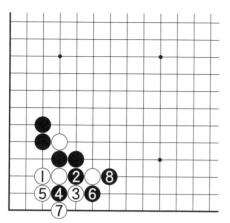
7도

### 7도 (흑, 두터움)

되돌아가서 백1로 3三에 들어가면 어떨까.

흑은 축이 유리하면 2, 4로 끊은 후 8까지 변의 한점을 잡아 두텁게 운영할 수 있다.

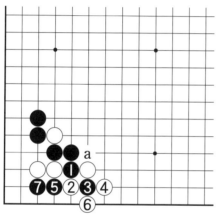
8도

### 8도 (흑의 손해)

흑의 축이 불리하면 1, 3으로 바깥쪽에서 끊고 7까지 두점을 잡기 쉬운데 이렇게 두면 흑의 손해이다. a 자리가 백의 권리인 만큼 선수 이점도 있는 백이 두터운 결과이다.

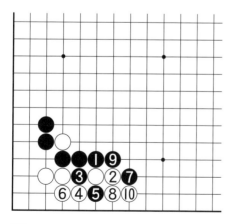
9도

### 9도 (정교한 수순)

흑은 축이 불리하면 1로 밀어두고 3, 5로 끊는 것이 정교한 수순이다. 백6에 흑7의 붙임이 급소이며 10까지 필연인데 흑이 두터운 흐름이다.

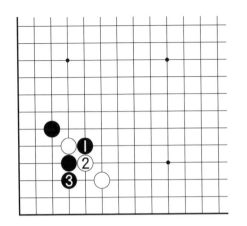

10도

## 10도 (불리한 끊음)

처음으로 돌아가서 흑이 강하게
두려면 1로 젖힌다. 이때 백2로
당장 끊으면 흑3의 요소를 두어
백이 싸우기 불리하다.

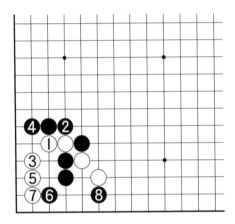

11도

## 11도 (수상전 흑승)

이다음 백1, 3으로 안에 들어가
수상전을 유도해도 흑4, 6 다음 8
로 붙여 수를 늘리면 백이 이길
수 없다.

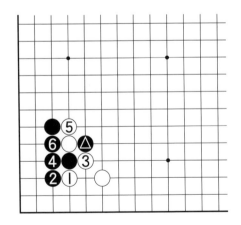

12도

## 12도 (우선순위)

흑▲에도 백1로 붙이는 것이 우선
순위이다.

　흑2로 젖히면 백3, 5로 나가고
흑6으로 막는 흐름이 되는데, 이
싸움은 백이 불리하지 않다.

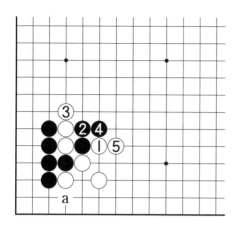

13도

### 13도 (싸움의 기술)

백1, 3으로 단수치고 나가는 것이 싸움의 기술이다.

흑4에 백5로 힘겨루기가 본격 시작되는데 흑은 중앙도 급하고 a 자리도 근거의 요소여서 고심의 순간이다.

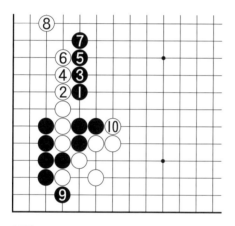

14도

### 14도 (두터운 자리)

흑이 1 이하 7로 좌변 백을 압박한 후 9로 단수치면 발빠른 행마이지만 백10의 꼬부림이 두터운 자리이다.

그러면 흑이 기껏 쌓아놓은 외벽이 위태로워지고 중앙의 주도권이 백에게 넘어갈 공산이 크다.

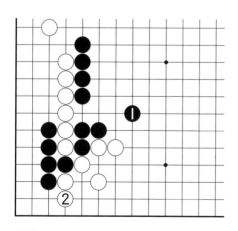

15도

### 15도 (근거의 요소)

앞 그림 흑9 대신 1로 중앙 대세점을 두면 백2가 근거의 요소이며 실리로도 크다.

어쨌든 백이 중앙이든 귀쪽이든 어느 한쪽을 차지하면 충분하다.

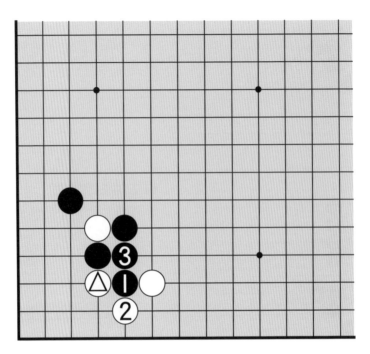

기본형

    백△로 붙일 때 흑1, 3으로 끼워잇는 것이 싸움을 피하는 방법이며 AI도 추천하는 선택이다.

    그러면 답은 정해져 있는데 흑이 실리에 혹하여 금기의 시한폭탄을 건드리면 포연이 자욱한 복잡한 반격에 앞길이 순탄하지 않다.

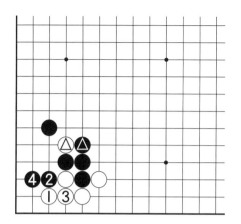

1도

## 1도 (흑의 이득)

기본형 다음 백1로 호구치는 것은 흑2, 4로 두기만 해도 백이 근거가 빈약한 모양이 되어 불리하다.

　백△와 흑△가 없다면 5형에서의 정석 모양과 같지만 지금은 이 교환이 흑의 이득이지 않는가.

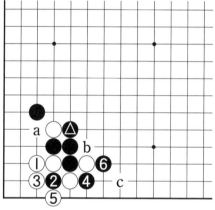

2도

## 2도 (귀쪽 끊음)

백1이 올바르다. 다음 흑은 끊는 방향이 중요한데 2로 귀쪽에서 끊은 후 6까지 두텁게 처리하는 것이 최선의 선택이다. 물론 흑△가 a에 있는 편이 실리로는 득이지만 지금 흑의 축이 불리해서 백이 b로 나가더라도 흑c로 싸울 수 있는 것은 이 모양에서의 이점이다.

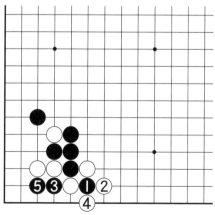

3도

## 3도 (변쪽 끊음)

흑1로 변쪽에서 끊으면 문제를 야기한다.

　백2에 흑3, 5로 귀의 두점을 쉽게 잡을 수만 있다면 흑이 유리하겠지만~

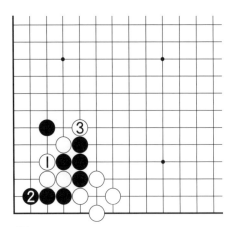

4도

### 4도 (약점 추궁)

백은 1로 꼬부리고 흑2로 늘면 백 3에 젖히는 것이 흑의 약점을 추궁하는 멋진 수순이다.

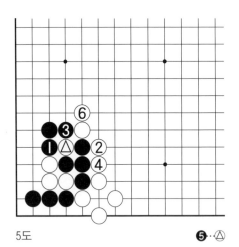

5도　　　　　　　　　　　**❺**··△

### 5도 (사석작전)

이때 흑1로 끊으면 백2, 4로 돌려치고 6으로 늘기만 하더라도 백이 상당히 두터운 흐름이다.

　백의 사석작전으로 흑이 크게 당한 결과라고 봐도 좋다.

### 6도 (교묘한 수순)

4도 다음 흑이 싸 발리기 싫으면 1로 나가야 하는데, 백은 2, 4로 젖힌 후 6으로 느는 것이 교묘한 수순이다.

6도

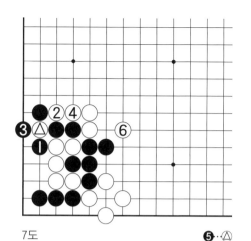

7도

**5**·△

## 7도 (사석작전의 진수)

이다음 흑1로 한점을 잡으면 백2, 4를 활용한 후 6에 씌우는 것이 두터움의 가치를 아는 사석작전의 진수이다.

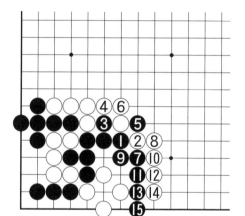

8도

## 8도 (엄청난 세력)

흑1로 나가면 백2로 막은 후 이제부터는 자연스럽게 상대가 하자는 대로 행마의 리듬만 타면 된다.

결국 일사천리로 15까지 일단락되고 흑의 실리도 무려 30집을 넘지만, 백이 선수까지 잡고 얻은 좌우 장벽의 세력은 그 이상을 훌쩍 뛰어넘는 엄청난 위력이다.

## 9도 (봉쇄)

6도 다음 좌변을 생각하면 흑1로 지키는 것이 나을 것이다. 그래도 백은 2로 씌울 예정이다.

흑3 이하 끝까지 나가봐도 백은 14까지 흑 전체를 가둘 수 있다.

9도

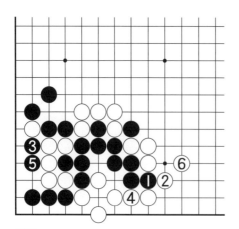

10도

### 10도 (백, 우세)

이다음 흑1로 흠집을 내도 3으로 이쪽을 잡아야 하므로 백은 4, 6으로 모양을 정비할 수 있다. 그러고 보면 흑의 실리보다 백의 두터움이 단연 앞서는 결과이다.

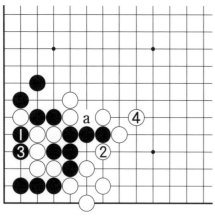

11도

### 11도 (대동소이)

9도 백4 때 흑이 더 이상 나가지 않고 1로 잡아도 백이 2, 4로 정비하면 a도 선수인 만큼 역시 백의 두터움이 돋보인다.

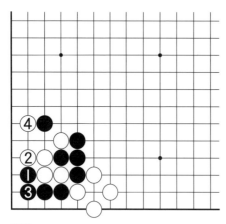

12도

### 12도 (젖혀잇는 경우)

이 시점에서 흑1, 3으로 젖혀 이으면 백이 어떻게 대처해야 할까. 일단 백4의 붙임이 맥점이다.

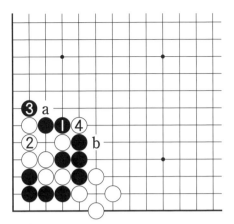

13도

## 13도 (끊는 맥점)

이다음 흑1과 백2는 필연인데 이때 흑3으로 막으면 백4의 끊음이 맥점이다. a와 b의 약점이 있는 만큼 흑이 불리한 싸움이다.

백은 좌변이 잡혀도 중앙에서 두터움을 얻으면 유리하다는 것을 앞에서도 확인한 바 있다.

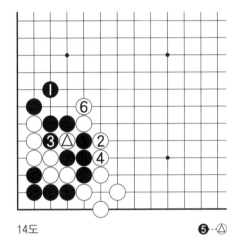

14도

**⑤··△**

## 14도 (두텁게 처리)

가령 흑1로 지키면 백은 6까지 바깥을 조이며 두텁게 처리할 수 있다. 물론 백이 유리한 진행이다.

## 15도 (수상전 백승)

따라서 13도 백2 때 흑1로 뛰면 상대 두터움을 피할 수 있지만 백은 2, 4로 귀의 흑과 수상전에 임한다. 이 수상전은 백승이다.

15도

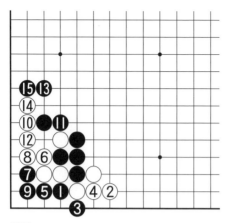

16도

### 16도 (의문 1)

되돌아가서 흑1로 끊을 때 백2로 호구치면 어떻게 될지 의문이 든다. 그러면 흑3에 단수친 후 15까지는 앞에서 본 수순이다.

이번에는 흑3의 활용 덕분에 수상전이 달라지며 최소한 흑이 유리한 패로 백을 잡을 수 있다. 앞 그림과 비교해보기 바란다.

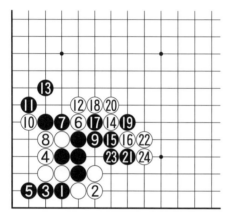

17도

### 17도 (의문 2)

흑1에 백2로 이을 때는 어떻게 될지도 의문이다. 앞 그림 흑3의 활용을 주지 않겠다는 뜻인데 그러면 흑의 수순도 달라진다.

이번에는 흑5로 늘고 이하 24까지 수순을 밟는데 9도의 수순과 같다.

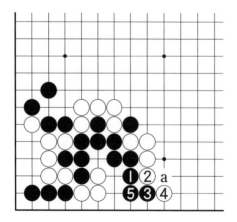

18도

### 18도 (흑의 실리가 크다)

이다음 흑1 이하 5까지 처리하면 이번에야말로 흑의 실리가 너무 크다. 백은 두터워도 a로 또 지켜야 하므로 아주 불리하다.

이것으로 16도와 17도의 의문이 해결되었다.

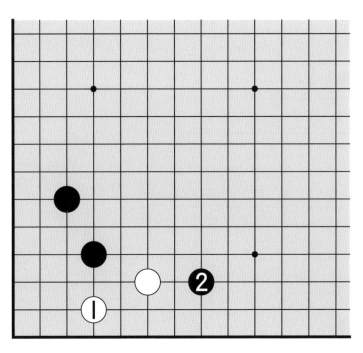

기본형

AI시대에는 백1의 날일자달림이 느슨하다 해서 주된 수법에서 밀려났지만 그 이유로 배후의 공격에 취약하다는 점도 있다. 그중 하나인 흑2의 한칸협공은 두터움을 중시한다면 매우 유력한 수단이다. 귀의 실리를 허용하더라도 국면을 주도적으로 운영하겠다는 뜻인데 이후의 변화에 대해 알아본다.

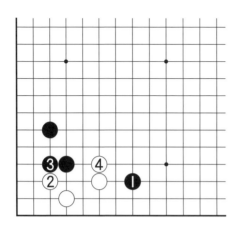

1도

### 1도 (흑, 불리)

흑1로 협공할 때는 백2로 귀에서 근거를 차지하는 것이 우선이다.

이때 흑3에 막는 것은 가치가 떨어진다. 백4가 양쪽 흑을 가르는 단단한 수인데 이러면 흑이 바빠져서 불리하다.

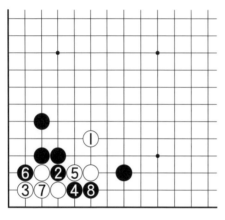

2도

### 2도 (차단)

참고로 이런 형태에서 백1로 뛰는 것은 위험하다.

흑이 2, 4로 젖힌 후 8까지 추궁하면 중앙 백이 차단된다.

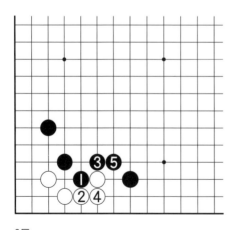

3도

### 3도 (흑, 만족)

백이 귀를 차지할 때는 흑도 1, 3으로 중앙을 봉쇄하는 것이 상식이다.

이때 백4로 잇고 흑5로 연결하면 중앙 두터움에 약점이 없는 흑이 만족이다.

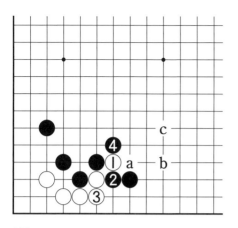

4도

### 4도 (행마의 요령)

이 경우 백1의 젖힘이 중앙을 활용하는 행마의 요령이다. 흑2, 4로 한점을 축으로 잡으면 상당히 두텁지만 백도 축머리를 활용하며 두겠다는 뜻이다. 이후 흑이 축을 해소할 경우 a의 따냄보다 b나 c로 두는 것이 변이나 중앙과의 연계성에서 효율적이다.

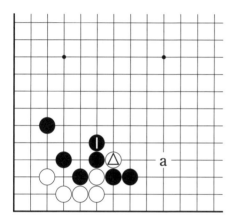

5도

### 5도 (축이 불리할 경우)

만일 축이 불리하면 흑1에 늘어서 둔다. 그러면 축머리 활용은 없는 대신 백이 △ 한점을 움직이거나 a쪽에서 활용하는 맛이 남는다.

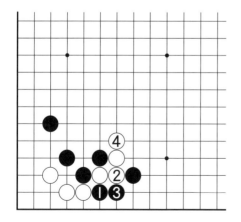

6도

### 6도 (흑, 불리)

이 시점에서 흑1, 3으로 뿌리에서 차단하는 것은 백이 4로 늘기만 해도 힘이 생긴다. 흑은 귀를 허용한데다 양쪽을 정리해야 하므로 불리한 흐름이다.

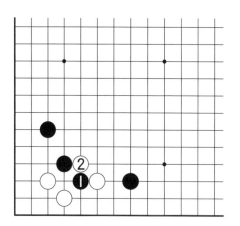

7도

## 7도 (백이 껴붙이는 경우)

흑1에 백2의 껴붙임은 흑의 중앙 봉쇄를 저지해보겠다는 뜻이다.

이럴 때 흑의 간명한 대처법에 대해 알아본다.

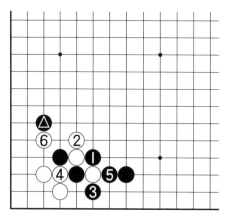

8도

## 8도 (흑의 대처법)

흑1, 3으로 한점을 잡는 것이 가장 간명하면서도 유력하다.

백도 4, 6의 장문으로 한점을 잡는 것이 제격인데 흑▲도 위태롭고 귀로부터의 실리도 제법 되는 백이 유리하다고 단정하면 오판하다.

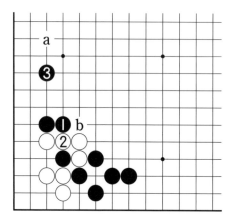

9도

## 9도 (무거운 행마)

이다음 흑1, 3으로 좌변을 정리하는 것은 무거운 행마이다.

상황에 따라 백이 a로 압박하든지 b로 머리를 눌러가면 흑이 엷어 불만이다.

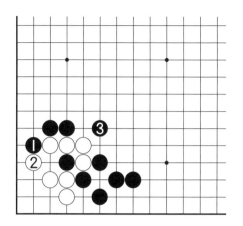

10도

## 10도 (두텁게 봉쇄)

앞 그림 백2 때 흑은 1로 젖힌 후 3으로 씌우는 것이 모양을 가장 효과적으로 정리하는 방법이다.

이래야 흑이 중앙을 두텁게 봉쇄하며 국면을 주도한다.

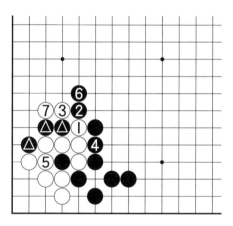

11도

## 11도 (흑의 순풍)

이다음 백이 1, 3으로 나와 끊으면 흑4의 단수로 중앙 한쪽을 두텁게 틀어막고 6으로 뻗는 정도로 흑의 순풍이다. 백7에 흑이 ●들은 버린다는 생각으로 임하면 성공이다.

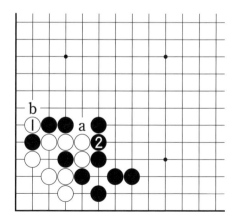

12도

## 12도 (흑, 두터움)

10도 다음 백1의 끊음은 흑의 철벽을 피해가려는 뜻이지만 흑2로 막으면 충분하다.

다음 백이 a로 흠집을 내든 b로 나가든 흑의 두터움은 여전하다.

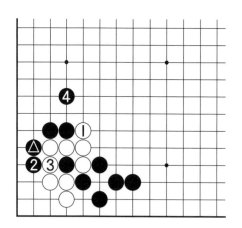

13도

### 13도 (흑, 충분)

흑●로 젖힐 때 백이 봉쇄를 피하려면 1로 눌러갈 수 있다.

흑은 2를 활용하고 4로 좌변에 모양을 갖추면 충분하다. 귀의 뒷문도 열려있어 백은 완전히 살아있지 않다.

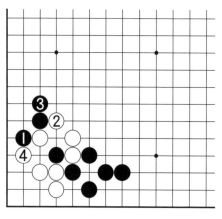

14도

### 14도 (돌변)

참고로 8도 다음 흑1로 먼저 젖히면 상황이 크게 돌변한다.

백2가 급소이고 4로 막으면 백이 갑자기 두터워지므로 흑이 불리한 흐름이다.

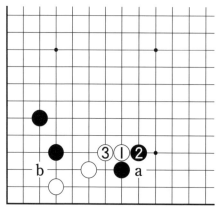

15도

### 15도 (고심의 수단)

처음으로 돌아가서 백1, 3은 흑의 봉쇄를 피하려는 고심의 수단이다. 다음 a와 b를 맞보는 식으로 둔다는 뜻인데 흑도 상황에 따른 선택으로 양쪽을 처리할 수 있으므로 불만 없다.

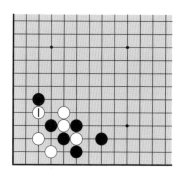

### ▦ 장면

이 장면에서 백1의 건너붙임은 함정수나 다름없다. 흑이 어떻게 응징하면 좋을지 생각해보자.

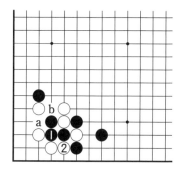

### 1도 (백, 성공)

흑1에 이으면 백2로 들어가서 흑이 곤란하다. 다음 흑이 a와 b의 어디에 두든 조임을 당해 결과는 백의 성공이다.

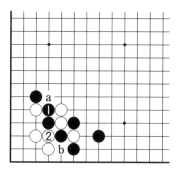

### 2도 (먼저 나감)

흑1로 먼저 나가는 것이 함정을 응징하는 수단이다.

　백은 2로 끊고 나서 a와 b를 맞본다는 생각으로 상대를 유인하지만~

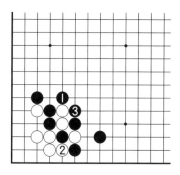

### 3도 (단수치며 봉쇄)

이다음 흑1로 위에서 단수치면 모든 난제가 해결된다.

　백2로 잡아야 할 때 흑3으로 막으면서 계속 단수치면 중앙이 봉쇄되어 백이 답답한 결과이다.

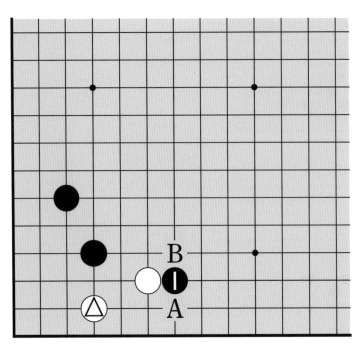

기본형

백△로 달릴 때 흑1로 뒤에서 붙이는 것은 매우 저돌적인데 귀의 지킴보다 변이나 중앙에서 치열한 싸움을 통해 주도권을 잡겠다는 뜻이다.

백은 A나 B로 젖히는 것이 상식인데 이후의 변화에 대해 알아본다.

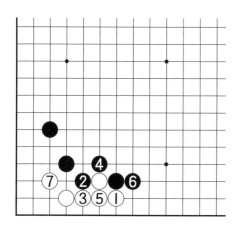

1도

### 1도 (흑, 두터움)

우선 백1의 아래 젖힘부터 알아보자. 흑2의 껴붙임은 백3으로 받아달라는 뜻이다. 그러면 흑이 4, 6으로 중앙을 봉쇄해서 두터운 흐름이다. 백은 7로 근거를 확보할 수 있지만 이처럼 2선을 여러 번 기는 형태가 되면 재미없다.

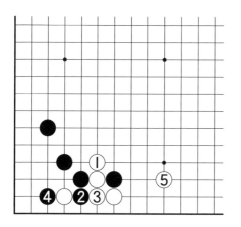

2도

### 2도 (변에 두텁게 안정)

흑이 껴붙이면 백1로 올라서는 것이 힘차다.

흑은 귀가 엷어 2, 4로 지키는 것이 무난한데 백은 5로 변에 두텁게 안정하면 충분하다.

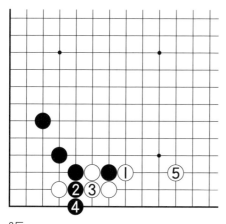

3도

### 3도 (백의 단수 변화)

백1의 단수도 가능한 변화이다. 백3에는 흑도 앞 그림보다 귀가 강하므로 4로 빠져 한점을 확실히 잡는 것이 이득이다. 백5로 안정하면 일단락이다.

2도와 3도는 서로 타협된 결과이다.

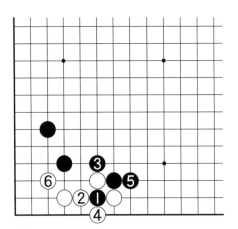

4도

### 4도 (맞끊음)

이 모양에서는 흑1로 맞끊는 것이 보편적인 수단이다.

이때 백2로 한점을 잡으면 흑3, 5로 1도와 비슷한 봉쇄 흐름이다. 역시 백이 눌려서 불만이다.

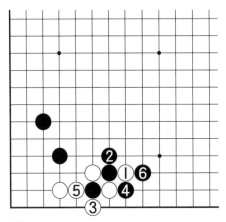

5도

### 5도 (백은 축이 좋아야 시도)

흑이 맞끊을 때 백1로 단수치고 3으로 한점을 잡는 것은 축이 좋을 때만 시도한다.

만일 흑의 축이 유리해서 4, 6으로 한점을 잡게 되면 백이 불만인데 아주 초반에 이 축은 흑이 좋은 경우가 많다.

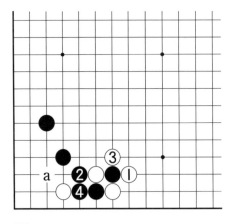

6도

### 6도 (빵따냄 허용)

참고로 백1 때 흑2, 4로 귀의 한점을 잡는 것은 빵따냄을 허용해 좋지 않다.

귀의 백도 a로 움직이는 맛이 있어 흑의 부담이다.

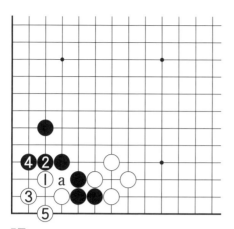

7도

### 7도 (귀의 준동)

차후 귀는 백1로 준동하는 수단이 남아있다. 흑2로 막으면 백3의 호구가 교묘하다. 흑4에는 백5로 집을 낸다. 백a가 선수여서 아슬아슬하게 산다. 다만 사는 동안 하변 백도 다치게 되므로 당장 결행하지는 않는다.

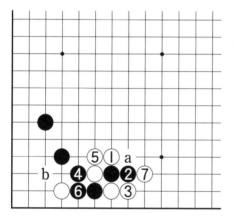

8도

### 8도 (보편적 수순)

흑이 맞끊을 때 백1, 3으로 미는 것이 보편적 수순이다. 다음 흑은 4, 6으로 한점을 차단하고 백은 7로 두점을 잡으며 타협한다. 이때 a의 축은 백이 유리해야 한다.

앞으로 흑은 축머리 활용하는 맛이 남고, 백은 b로 사는 맛이 남은 것은 서로의 부담이다.

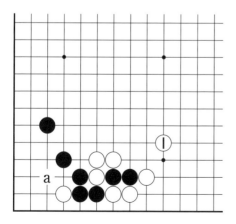

9도

### 9도 (축을 해소할 경우)

참고로 백이 축을 해소할 경우 1의 날일자로 폭을 넓히는 것이 효율적이다. 그래야 하변과 중앙에 영향을 준다.

다만 이 정석은 백이 a로 사는 맛이 있다 해도 당장 하변이 축머리에 대비해야겠기에 백의 발이 느린 것이 흠이다.

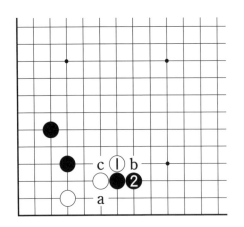

10도

## 10도 (위로 젖히는 경우)

처음으로 돌아가서 백1로 위로 젖려 중앙을 중시하는 것이 보편적이다. 흑은 2에 늘어 변에 모양을 만들어가게 되며, 백은 작전에 따라 a~c의 선택이 준비되어있다.

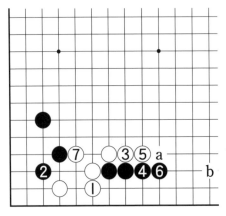

11도

## 11도 (백이 내려서는 변화)

백1로 내려서면 흑2로 귀의 지킴이 간명하다. 다음 백은 3, 5로 밀고 7로 지키는 것이 두터운 자세이다. 흑도 a로 꼬부려서 하변이 두터우면 충분하다. 흑이 하변 정세가 약하면 b로 벌려 안정할 수도 있다. 다만 이 진행은 백의 실속이 부족해 즐겨 두지 않는다.

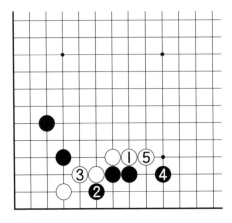

12도

## 12도 (위에서 누르는 변화)

10도 다음 백1로 먼저 누르는 것이 앞 그림보다 보편적이다.

흑2, 4로 변에 모양을 잡고 백5로 호구자리에 늘어가는 것은 필연인데~

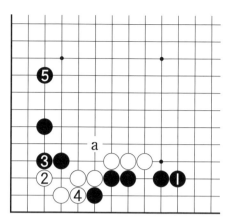

13도

### 13도 (양쪽 변에 모양 구축)

이다음 흑1은 당연한 지킴이다. 그러면 백2로 귀를 차지하고 흑은 3을 선수하고 5로 좌변에 안정해서 일단락된다.

이 정석은 양쪽 변에 흑이 적절한 모양을 구축했고 차후 a로 중앙 쪽을 활용하는 맛도 있어 약간은 흑이 활발하다는 평가이다.

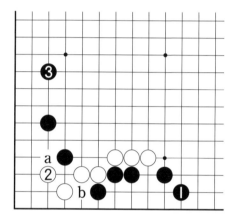

14도

### 14도 (마늘모 지킴)

흑이 하변 정세가 약하면 1의 마늘모 지킴이 안정적이다.

백2에는 a와 b의 교환 없이 흑3으로 벌리기도 한다. 그러면 좌변 흑은 엷지만 하변 흑이 더욱 안전하다.

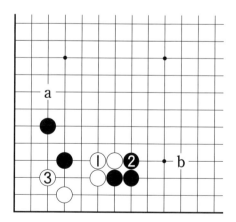

15도

### 15도 (꽉 잇는 변화)

10도 다음 백1로 꽉 잇는 것이 진화된 수단으로 중앙을 단단하게 하면서 하변의 흑을 리드해가겠다는 뜻이다. 흑도 하변을 가볍게 활용한다는 자세로 임하는 것이 바람직한데 2로 힘겨루기를 하면 백3으로 귀를 선점하고 나서 a와 b를 맞보기로 해서 흑이 불만이다.

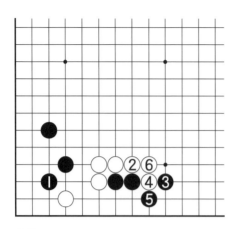

16도

### 16도 (최선의 진행)

흑은 1로 귀의 근거부터 차지하는 것이 우선이다. 백도 2로 눌러가는 것이 두텁고 흑3이 가벼운 행마로 서로 최선을 다한다.

다음 백은 4, 6으로 끼워 잇고 흑의 단점을 노리는데~

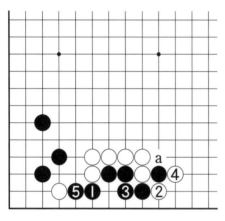

17도

### 17도 (적절한 반격)

이다음 흑1로 젖히면 어떻게 될까. 백2, 4로 한점을 잡는 것이 적절한 반격이다.

흑5로 귀의 한점을 잡지만 다음 백a로 따낸다고 보더라도 변에 두텁게 둥지를 튼 백이 유리한 결과이다.

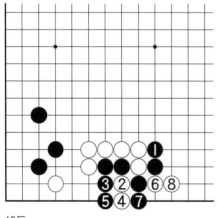

18도

### 18도 (한 눈의 죽음)

16도 다음 흑1로 밀어올리는 것이 힘차다.

백은 2, 4로 끊어 키우는 것이 단점을 공략하는 교묘한 수순인데, 이때 흑5로 두점을 잡으면 백6, 8로 차단해 하변의 흑이 한 눈뿐이라 죽음이다.

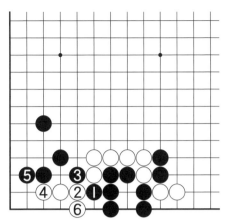

19도

### 19도 (백승)

이다음 흑1, 3으로 끊더라도 백4로 수를 늘이고 6으로 조이면 이 수상전은 백승이다.

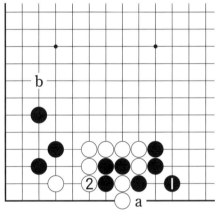

20도

### 20도 (알려진 정석)

18도 백4 때 흑1의 호구이음이 탄력적이다. 백은 2로 얌전히 석점을 잡는 것이 정수이다. 그렇지 않고 백2로 a의 단수는 패의 여지를 남겨 위험하다. 여기까지 잘 알려진 정석인데, 백2 이후 a의 곳은 흑의 선수 권리가 강하고, 좌변에서 백은 b의 압박이 기분 좋다.

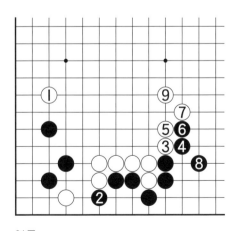

21도

### 21도 (백의 고급 전략)

이 시점에서 백이 하변을 결정하지 않고 1로 좌변 압박은 두터움을 활용하려는 고급 전략이다.

흑2로 반발하면 백은 무시하고 3 이하 9까지 중앙을 정비해 활발한 진행이다.

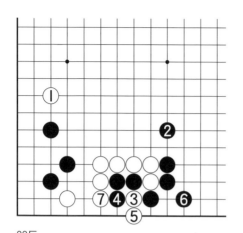

22도

### 22도 (백의 좌변 선점)

백1에 흑2로 중앙 두터움을 견제하면 백3 이하 7까지 하변의 정석 수순을 밟는다.

이렇게 진행되면 백이 기분 좋은 1의 좌변 압박을 선점한 효과가 있다.

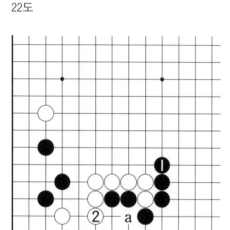

23도

### 23도 (안전한 행마)

흑1로 올라설 때는 백2로 지키며 a의 끊음을 엿보는 것이 안전한 행마이다.

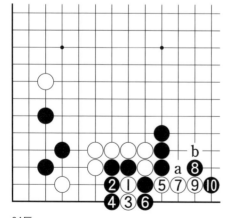

24도

### 24도 (흑승)

그렇지 않고 백1, 3으로 22도와 같은 수순대로 두면 이번에는 흑4로 두점을 잡을 수 있다.

백5, 7로 차단하며 나가도 흑8, 10으로 조여 이 수상전은 흑승이다. 백a는 흑b로 늦출 수 있기에 이런 변화가 가능하다.

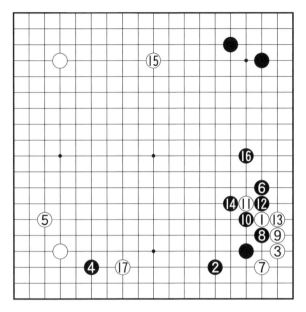

실전 1

### 실전 1

백1, 3에 흑4로 걸친 후 6의 한칸협공은 우상귀 소목 날일자굳힘을 배경으로 한 전략적 선택이다. 이하 우하귀 정석을 거쳐 17까지는 한때 유행했던 포석 흐름이다. AI시대에는 백3의 날일자달림이 느슨하다 해서 프로 실전에서는 거의 볼 수 없다.

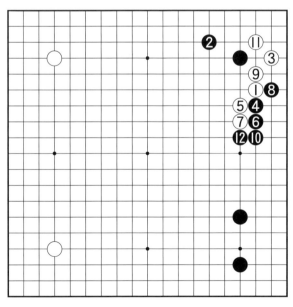

실전 2

### 실전 2

백1, 3에 흑4의 붙임도 한때 많이 두었다.

백5, 7로 위에서 눌러갈 때 흑이 12까지 두텁게 꼬부린 것은 우하귀 소목 두칸굳힘의 장점을 살리기 위한 효율적 정석 선택이었다.

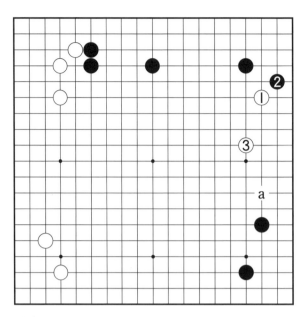

실전 3

### 실전 3

백1의 걸침에 상변 벌림 정석을 기반으로 흑은 2의 처진 날일자로 강력 대응했다.

백3의 눈목자는 a의 벌림까지 고려한 유연한 응수이다.

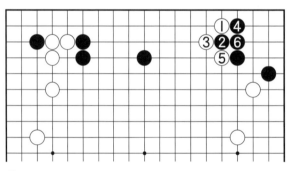

참고도 1

### 참고도 1 (이후의 변화)

이후 좌하 쪽으로 공방이 이어져서 좌변 상황이 약간 달라졌다. 다시 우상귀가 초점인데 실전은 백1로 2선에서 침투했다. 이때 AI는 흑2로 위에서 붙인 후 6까지의 변화를 보여준다. 흑은 귀를 강하게 지키고 백은 가볍게 활용하라는 뜻이다.

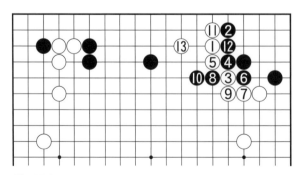

참고도 2

### 참고도 2 (AI 추천)

실은 처음부터 백1로 평범하게 걸친 후 13까지의 공방이 AI가 추천하는 변화이다.

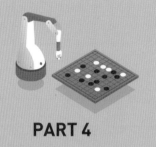

PART 4

# 진화된
# 위붙임 정석

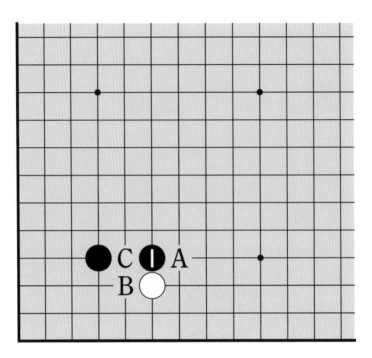

기본형

　흑1의 위붙임는 중앙의 두터움을 중시하는 수단이다. 예
전에는 하수의 접바둑정석이라 여겼지만 AI시대에는 두터
움의 가치를 높이 평가하면서 주변 상황과 연동해서 애용
하는 경우가 많아졌다.
　백의 대응도 그동안 상식이었던 A의 젖힘뿐만 아니라 B
와 C도 가능한데 이들 변화에 대해 알아본다.

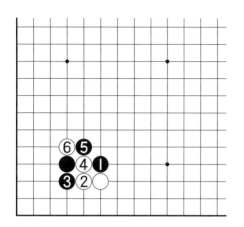

1도

## 1도 (흑, 위험)

흑1에 백2는 '붙이면 젖혀라' 격언을 무시한 처사이지만 AI시대에는 이런 수도 주역으로 인정한다.

이때 흑3으로 귀를 막는 것은 백4, 6으로 끊겨 위험하다.

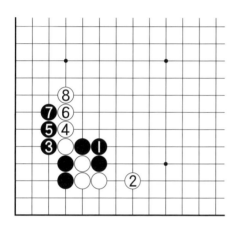

2도

## 2도 (백, 두터움)

이다음 흑1과 백2로 정비하고 나서 귀가 허술한 흑이 8까지 좌변에서 밀어가야 된다면 백이 두터워져서 흑이 불리하다.

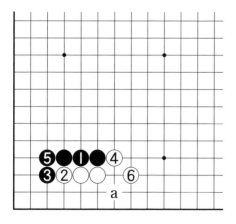

3도

## 3도 (AI 정석)

1도 백2 때 흑1로 잇는 것이 정수이다. 백은 2, 4로 정비하고 흑5와 백6으로 서로 이으면 일단락이며 AI가 추천하는 정석이라 보면된다. 이다음 하변은 a의 활용이 흑의 권리이다.

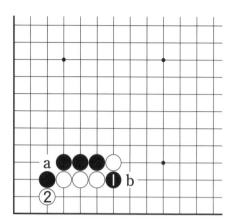

4도

### 4도 (단수 맞보기)

앞 그림 백4 때 흑1로 끊는 것은 백2로 젖힌 다음 a와 b의 단수를 맞보기로 해서 백이 불리할 일은 없다.

흑도 특별한 전략이 아니라면 이처럼 어려운 길은 피하는 것이 간명하다.

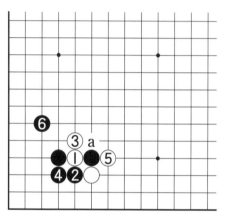

5도

### 5도 (백이 끼우는 경우)

처음으로 돌아가서 백의 축이 유리하면 1의 끼움도 가능한 시도이다. 이때 흑2, 4로 귀를 지키면 백5의 축이 문제가 된다.

흑의 축이 불리해서 단순히 6으로 진출하면 백이 a로 따내서 두텁다.

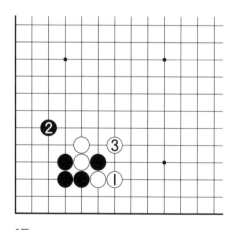

6도

### 6도 (백, 불만)

앞 그림 흑4 때 백의 축이 불리하면 상황이 돌변한다.

백1, 3의 장문으로 한점을 잡을 수 있지만 두루 활용의 여지를 남긴 만큼 백이 불만이다.

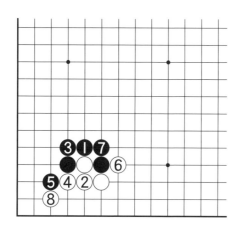

7도

### 7도 (흑의 정수)

끼우는 정석은 백의 축이 유리할 때 사용되므로 흑도 1, 3으로 위에서 단수치고 귀쪽을 잇는 것이 정수이다. 다음 백4로 파고든 후 6, 8은 백이 하변에 모양을 잡으려는 수순인데~

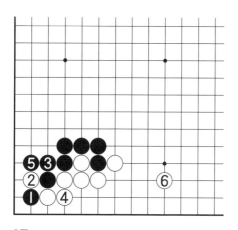

8도

### 8도 (좌변 두터움)

흑1의 이단젖힘은 행마의 맥이고 이하 6까지 서로 모양을 정비해서 일단락이다.

　많이 알려진 정석이지만 좌변 두터움이 힘을 발휘할 가능성이 높아 흑이 약간이라도 활발하다.

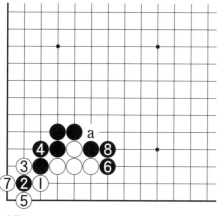

9도

### 9도 (백의 간명책)

7도 흑5 때 단순히 백1로 젖힌 후 7까지 귀의 한점을 잡아두는 편이 간명하면서 일관성도 있어 유력하다. 흑8의 이음이면 중앙이 봉쇄되지만 이다음 백이 중앙 두터움을 견제하면서 두면 a의 단점도 남은 만큼 백도 충분하다.

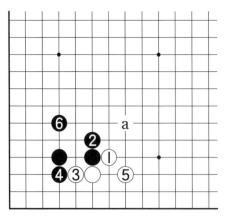

10도

## 10도 (붙여뻗기의 대표)

처음으로 돌아가서 백1, 3은 낯익은 수단이다. 이하 6까지 서로 지키는 것이 붙여뻗기 정석의 대표인데 AI는 백5의 호구가 단단하지만 약간 발이 느리다는 진단이다. 그렇더라도 백이 a의 중앙진출에는 효율적이므로 상황에 따라 선택해도 좋을 것이다.

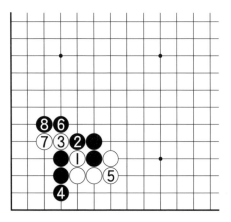

11도

## 11도 (백의 과욕)

앞 그림 흑4 때 백이 아무 기반 없이 1, 3으로 나와끊는 것은 과욕이다.

흑이 4로 수를 늘린 후 6, 8로 몰면 백 두점이 잡힌다. 흑의 간명한 응징법을 제시했다.

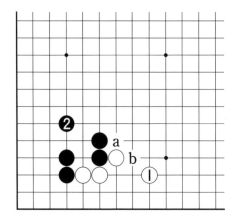

12도

## 12도 (날일자 지킴)

상황에 따라 백1의 날일자 지킴도 가능한데 AI는 10도의 호구보다 능률적이라 본다.

반면 흑도 2로 지켜두고 나서 a나 b로 활용하는 이점이 있으니 10도와는 일장일단이 있다고 봐야 한다.

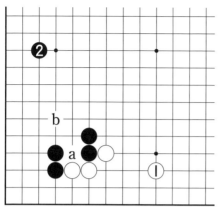

13도

## 13도 (넓게 벌리는 경우)

붙여뻗기 정석에서 백이 변에 최대한 벌리자면 1의 눈목자 두칸이 적절하다.

그러면 a쪽 끊기는 맛이 두렵지 않으므로 흑도 b로 좁게 지키기보다 2로 넓게 전개하는 것이 효율적이다.

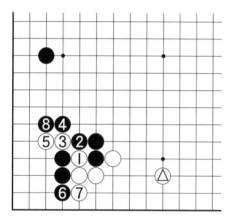

14도

## 14도 (나와끊는 경우)

이때 백1, 3으로 끊으면 어떨까. 흑4, 6에는 백△ 덕에 7로 최대한 버틴 후 흑8로 몰면 백은 귀의 흑과 수상전을 펼치겠다는 뜻이다.

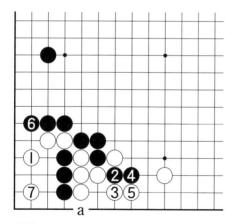

15도

## 15도 (단수 보류가 핵심)

이다음 백1의 마늘모 행마가 탄력적인데, 흑도 그 대처에 주의를 기울여야 한다. 우선 흑2, 4를 활용해두고 6으로 변을 차단한다.

이때 흑이 a의 단수는 보류하는 것이 핵심이다. 백7로 진입하면~

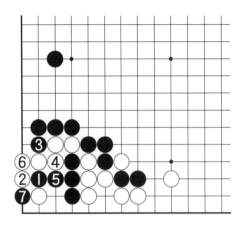

16도

### 16도 (끼우는 맥)

흑1의 끼움이 맥점이다. 백2로 아래에서 단수치면 흑3, 5로 몰고 7로 먹여쳐서 백이 알기 쉽게 잡힌 모습이다.

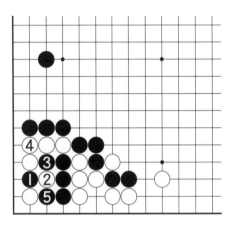

17도

### 17도 (필연)

흑1에 백2로 위에서 단수칠 때가 문제인데 일단 흑3, 5로 한점을 잡는 것이 필연이다.

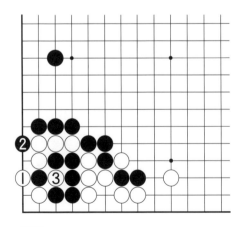

18도

### 18도 (패)

이다음 백1이면 패가 나는 모습인데, 일단 흑2로 단수쳐서 패를 걸어간다. 백3으로 먼저 따내게 되지만~

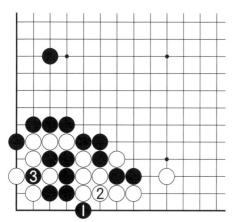

19도

### 19도 (초반무패)

이때 단수활용의 보류 덕분에 흑1
로 팻감을 쓰고 3으로 따낼 수 있
다. 이런 진행은 주로 초반에 나오
므로 백이 유력한 팻감이 없다면
절대 불리하다.

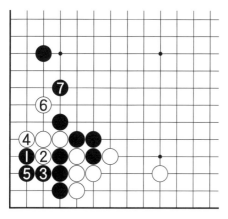

20도

### 20도 (귀에서 압박)

흑은 패가 부담이면 14도 백5 때
흑1로 귀에서 압박하는 수도 가능
하다. 다음 백2, 4로 귀에 선수행
사한 후 6으로 진출해도 흑7로 씌
우면 백이 살아갈 길이 막막하다.

　귀의 흑도 미생이지만 이 또한
수상전으로 가면 흑이 유리하다.

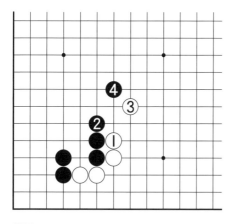

21도

### 21도 (중앙 경합)

거슬러 올라가 백이 변의 벌림을
보류한 채 1, 3으로 중앙에 폭을
넓히는 것이야말로 AI가 좋아하
는 수단이다.

　흑도 4로 동행하며 경합해서 서
로 우열을 가릴 수 없다.

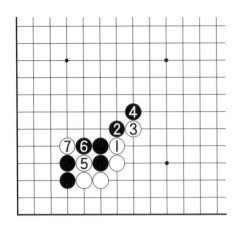

22도

### 22도 (통렬한 끊음)

백1에 흑2, 4의 이단젖힘이면 백 5, 7의 끊음이 통렬하다.

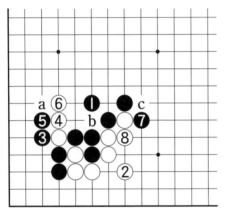

23도

### 23도 (약점 노출)

이다음 흑1과 백2는 시급한 지킴 이고 흑이 3 이하 7로 귀와 중앙 을 넘나들며 분주히 두고 있지만 백은 하자는 대로 따라가면 그만 이다. 그러고 나서 백이 볼 때 a의 막음, b의 먹여침, c의 끊음 등 두 루 약점이 노출된 흑이 아주 불리 한 진행이다.

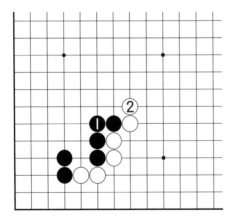

24도

### 24도 (백의 힘찬 자세)

22도 백3 때 흑이 이제 와서 1로 지키는 것은 백2의 올라섬이 매우 힘차다.

21도와 비교하면 흑이 불리한 진행임을 알 수 있다.

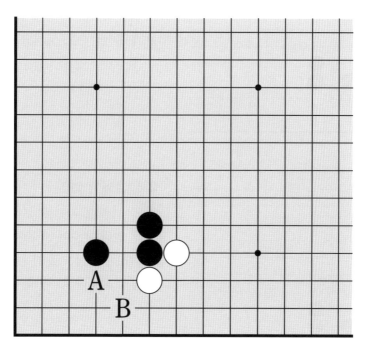

기본형

붙여뻗기 정석에서 이번에는 백이 A로 붙이거나 B의 마늘모로 두는 변화에 대해 알아본다.

이런 수의 특징은 변에 기반을 두면서 귀에 좀 더 파고들겠다는 생각이 강하다.

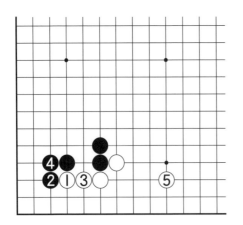

1도

### 1도 (귀에 붙이는 변화)

백1로 붙이면 흑2로 젖히는 것이 가장 무난하다.

백은 5까지 안정한다. 다음 흑은 손을 뺄 수도 있지만~

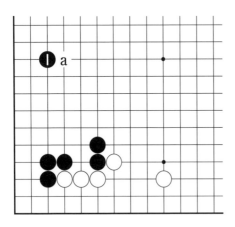

2도

### 2도 (효율적 벌림)

흑이 이곳을 둔다면 1(또는 a)로 넓게 벌리는 것이 효율적이다.

그래야 중앙으로 뻗은 두터움을 제대로 활용할 수 있다.

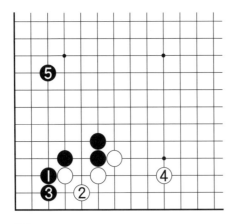

3도

### 3도 (귀를 최대한 지킴)

흑1에 백2의 호구는 탄력을 주겠다는 뜻인데 흑도 끊기는 약점이 없는 만큼 3으로 가만히 내려서는 것이 좋은 대응이다.

백4로 안정하면 흑도 5 정도로 벌려 모양을 넓히는 것이 적절하다. 귀를 최대한 지킨 만큼 흑도 불만 없다.

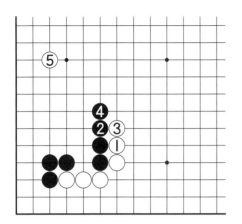

4도

### 4도 (백, 만족)

이런 모양에서도 AI는 중앙을 중시하며 백1로 밀어올리는 수를 곧잘 추천한다.

이때 흑2, 4로 밀리면 백은 하변이 두텁고 5로 흑의 두터움도 견제하니 백의 만족이다.

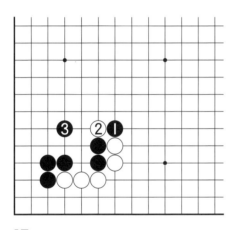

5도

### 5도 (흑, 충분)

백이 밀어올리면 일단 흑1의 젖힘은 기세이다.

이때 백2로 당장 끊으면 흑은 3으로 받으며 충분히 싸울 수 있다.

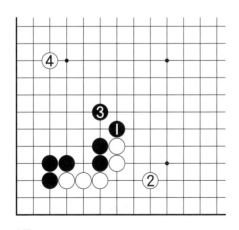

6도

### 6도 (두터움 견제)

흑1에는 백도 2의 날일자로 지키는 것이 우선이다.

다음 흑3으로 중앙을 지키면 백4로 흑의 두터움을 견제해서 충분하다.

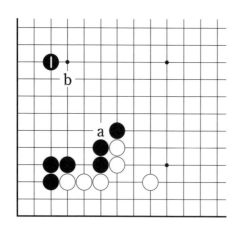

7도

## 7도 (벌리는 경우)

앞 그림 백2 때 흑1로 벌리는 것은 발 빠른 수단인데, 그러면 백은 하변이 안정돼 있으므로 이제는 a로 끊어 싸울 수 있다.

상황에 따라서는 b쪽에서 삭감하는 방법도 가능하다.

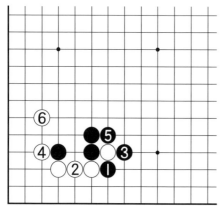

8도

## 8도 (흑의 두터운 선택)

되돌아가서 흑1로 끊는 수도 가능하다. 백2에 흑3으로 한점을 축으로 잡는다. 물론 축은 흑이 유리해야 한다. 이하 6까지 진행되면 일단락이다.

흑이 실리를 허용하더라도 하변을 두텁게 두고자 하면 이 변화가 유력하다.

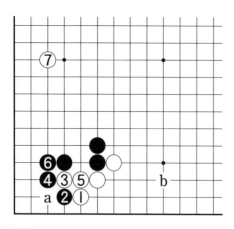

9도

## 9도 (흑, 느슨)

처음으로 돌아가서, 붙여뻗기에서는 백1의 마늘모 행마가 AI 추천 일순위에 들어있다. 흑2로 막으면 백3, 5로 끼워잇는다. 이때 흑6으로 잇는 것은 느슨하다. 백은 a로 한점 잡는 맛이 있으니 굳이 b로 지키지 않아도 된다. 백7로 흑의 두터움을 견제해도 충분하다.

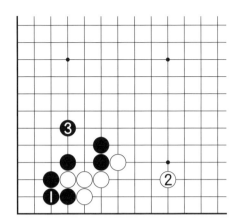

10도

## 10도 (흑의 효율이 떨어진다)

앞 그림 백5 때 흑1로 귀쪽을 잇는 것이 타이트한 수단이다. 백2로 지키면 흑3의 한칸으로 지키는 것이 적절한 자세이다.

다만 이 진행도 흑의 돌이 몰려 있어 효율이 약간 떨어진다.

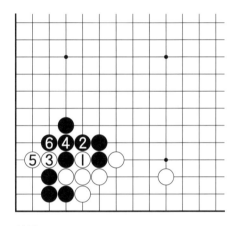

11도

## 11도 (백, 잡힘)

이 형태에서 귀쪽 흑의 모양이 엷다고 생각해서 수를 내려고 덤비면 오산이다.

즉 백1, 3으로 끊고 5로 공격하지만 알기 쉽게 흑6으로 조이면 백 두점이 잡힌 모습입니다.

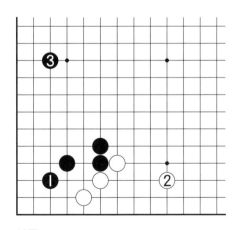

12도

## 12도 (탄력적 방어)

백의 마늘모 행마에는 흑도 1의 마늘모로 귀를 방어하는 것이 탄력적이다.

그러면 백2로 지킬 때 흑3으로 넓게 벌릴 수 있다. AI가 추천하는 간명한 정석이다.

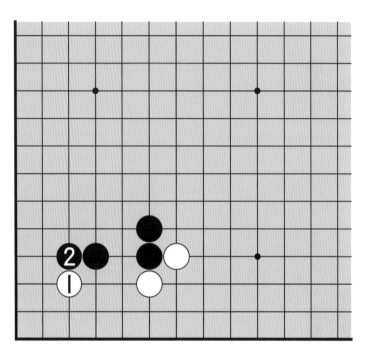

기본형

이번에는 붙여뻗기 정석에서 백1로 3三에 들어가는 수
단이다. 변에서 차단되더라도 귀의 실리를 우선 차지해서
이득을 보겠다는 뜻인데 AI도 이를 권장한다.

흑은 여러 대응이 있는데 우선 좌변 쪽에서 2로 막고 연
결해주는 변화부터 알아본다. 연결을 허용하면 상식에 어
긋나지만 흑도 특별한 전략이 숨어있다.

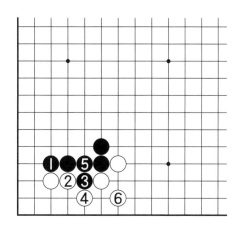

1도

## 1도 (흑, 당함)

흑1로 막을 때 백2로 연결하면 일단 백이 기분 좋다.

다음 흑3, 5로 끼워잇는 것은 백6의 호구로 자세를 잡아 귀와 변으로 이어진 백의 모양이 완벽하다. 흑이 철저히 당한 결과이다.

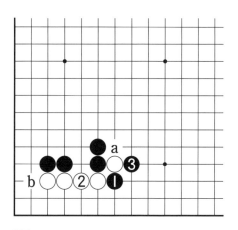

2도

## 2도 (전략적 선택)

이렇게 된 이상 흑1, 3으로 변의 한점을 축으로 잡는 것이 전략적 선택이다. 그리고 이 축은 흑이 반드시 유리해야 한다.

다음 백이 손을 빼면 흑은 a로 가일수하고 나서 b의 젖힘을 선수 활용하는 것이 크다.

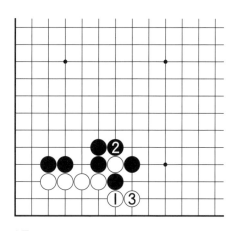

3도

## 3도 (백, 하변 진출)

이다음 백1, 3이면 하변으로 진출할 수 있다.

대신 흑은 자연스럽게 한점을 따내며 두텁게 둘 수 있다.

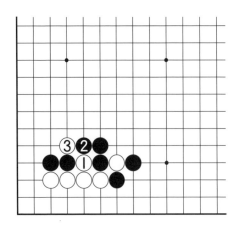

4도

### 4도 (나와끊는 경우)

2도 다음 백1, 3으로 좌변을 나와 끊으면 흑이 어떻게 대처할지 생각해보자.

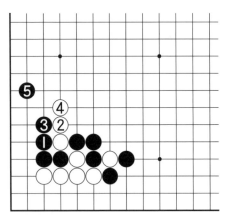

5도

### 5도 (두터움에 위반)

좌변 두점을 살리려고 흑1, 3으로 밀고 5로 진출하는 것은 흑이 애초에 선택한 두터움에 위반한다.

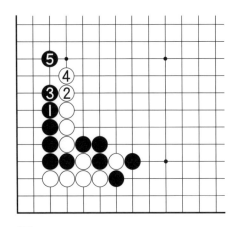

6도

### 6도 (선택할 수 없다)

앞 그림의 5로 흑1에 밀면 3으로 한번 더 밀고 5로 진출해야 하는데, 그동안 백이 더욱 두터워 5도와 6도는 흑이 절대 선택할 수 없는 진행이다.

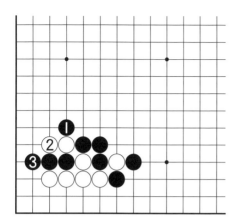

7도

## 7도 (키우는 요령)

4도 다음 흑은 좌변 두점을 버리는 쪽이 두터움을 살리는 길이다.

버리더라도 흑1로 단수하고 3으로 나가 석점으로 키우는 것이 요령이다.

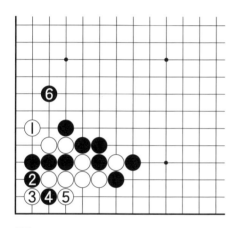

8도

## 8도 (끊어둔 이유)

이다음 백1의 마늘모가 행마의 요령이다. 흑도 2, 4로 끊은 후 6의 날일자로 포위하는 것이 기억해둘 응수이다.

귀에서 끊어둔 이유는 다음에 밝혀진다.

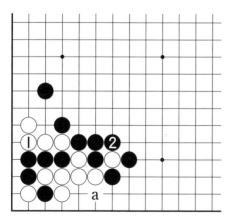

9도

## 9도 (경우의 선택)

계속해서 백1로 수비할 때 흑2로 가일수하면 일단락이다. 사실 이 변화는 귀에 실리를 허용해서 흑의 최상책은 아니지만 두터움을 위한 경우의 선택이다.

이 모양에서 흑의 자랑은 귀의 교환 덕분에 a의 젖힘이 선수로 작용하는데~

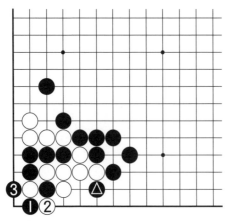

10도

### 10도 (꽃놀이패)

만일 흑▲에 백이 손을 빼면 흑1
로 아래에서 단수치는 수가 교묘
하다.

백이 단패를 피하려면 2로 잡아
야 하는데 흑3이면 이단패가 난
다. 어쨌든 흑의 꽃놀이패이므로
백이 곤란하다.

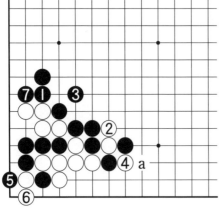

11도

### 11도 (흑, 두터움)

8도 다음 백1의 반격은 흑2로 받
아주면 손을 빼겠다는 뜻이다.

그래도 흑은 a로 따낸 후 b가
선수이고 c쪽 벽도 선수로 틀어막
을 수 있으니 이런 두터움이라면
후수라도 둘만하다.

12도

### 12도 (흑, 만족)

흑1의 막음도 강수이다. 백2, 4로
한점을 잡을 수 있지만 흑도 5, 7
이면 귀를 살리면서 넉점을 잡으
니 피장파장이다.

오히려 이 바꿔치기는 a의 활용
이 남은 흑이 만족이다.

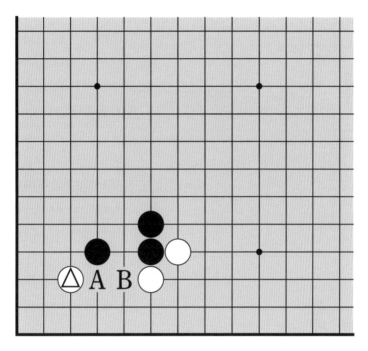

기본형

백이 △로 3三에 들어올 때 흑은 변과 차단해서 싸우는 것이 일단 기세로는 상식이다. 차단이라도 흑은 A와 B의 두 갈래 길이 있다.

A는 귀쪽, B는 변쪽 막음이다. 그 선택에 따라 우열이 분명해지므로 여기에서의 행마는 취향이 아니라 방향을 정확히 잡아야 한다.

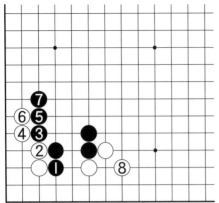

1도

## 1도 (귀쪽 막음)

우선 흑1로 귀쪽에서 바로 막는 변화를 알아본다. 결론부터 말하면 잘못된 선택이다.

　백2 이하 6으로 귀를 살려놓고 8로 하변을 지키면 양쪽을 정리한 백의 만족이다. 흑의 두터움이라고 해도 중복된 모습이다.

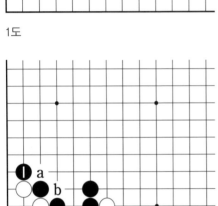

2도

## 2도 (이단젖힘의 대응책)

앞 그림 백4 때 흑1의 이단젖힘이 기세이지만 백2, 4로 젖혀 이으면 흑의 약점이 a~c의 3곳이나 노출되어 모두 봉합하기가 어려운 만큼 흑이 불리한 흐름이다.

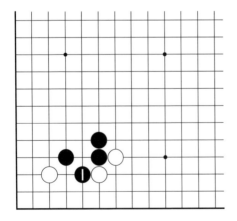

3도

## 3도 (호구 막음)

붙여뻗기 정석에서 흑1의 호구 막음이 백의 3三침입에 대한 마지막 관문이다.

　실은 흑도 이렇게 두는 것이 올바른 대응인데 그래야 하변까지 강한 영향을 줄 수 있다. 이후에도 변화가 다양하며 AI가 바라보는 관점에도 주목해야 한다.

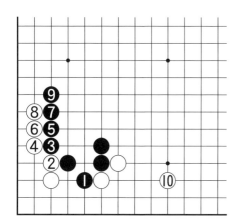

4도

### 4도 (흑, 불만)

흑1로 변쪽을 막는 것이 올바른 선택이기는 한데, 백2에 흑3 이하 9로 밀리면 기분 나쁘다.

백이 귀를 선수로 처리한 후 10 쪽으로 하변도 정비하면 흑이 불만이다.

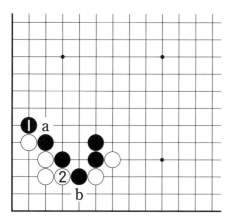

5도

### 5도 (치받는 맥)

앞 그림 백4 때 흑1의 이단젖힘으로 기세를 올리면 백2로 치받는 맥이 준비되어 있다.

그러면 흑의 약점이 여러 곳 노출되며, 백은 a로 좌변 한점을 잡는 것과 b의 연결 중 하나는 성립하므로 만족이다.

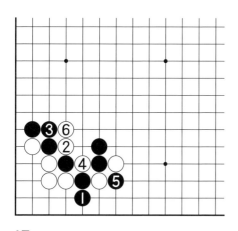

6도

### 6도 (흑의 분단)

이다음 흑1의 관통은 하변을 차단하면서 좌변 한점도 살리는 효과는 있지만 백2, 4로 중앙 한점을 잡고 6으로 진출하면 양쪽으로 분단된 흑이 불리하다.

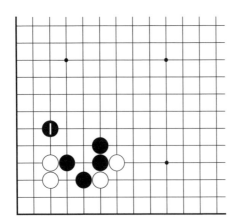

7도

### 7도 (효과적 차단)

거슬러 올라가, 4도 백2 때 흑은 1로 늦춰 받으며 좌변을 차단하는 것이 가장 효과적 수단이다.

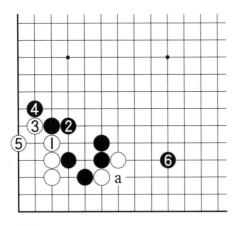

8도

### 8도 (흑, 활발)

이다음 백1로 치받으면 흑2로 늘어서 좋다. 백3, 5로 살아야 할 때 흑6으로 협공하면 흑이 활발한 국면이다.

　흑6으로는 a로 한점을 두텁게 제압할 수도 있다.

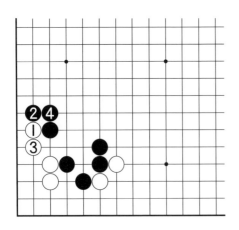

9도

### 9도 (통로 차단)

7도 다음 백1의 붙임이 이럴 때 맥이지만 흑이 2, 4로 좌변의 통로를 완전 차단해서 두텁다.

　4도와 비교하면 그 차이를 알 수 있다.

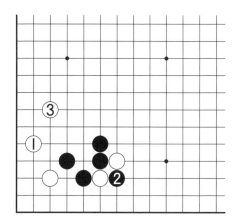

10도

## 10도 (산뜻한 진출)

되돌아가서, 백1의 날일자 행마는 낮은 자세이지만 변의 진출을 빠르게 하려는 뜻이다.

이때 흑2로 하변을 제압하면 무난하지만 백은 3의 산뜻한 진출로 소기의 목적을 달성한다.

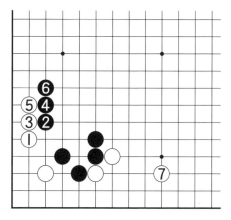

11도

## 11도 (양쪽 처리)

백1에 흑은 2로 압박해서 6까지 두텁게 둘 수 있지만, 백도 7로 하변에 벌리면 양쪽을 모두 두므로 이 정도 눌림은 감수할 수 있다.

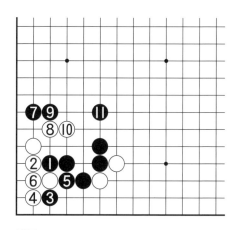

12도

## 12도 (공격 리듬)

흑1 이하 5로 귀를 압박한 후 7의 협공이 효율적 강수이다.

이때 백8로 나가면 흑9, 11로 공격 리듬을 타며 흑의 모양이 활발하다.

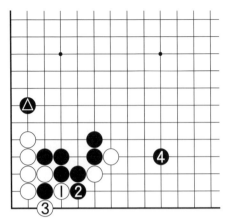

13도

### 13도 (차라리 살아둔다)
흑△에는 차라리 백1, 3으로 살아
두는 것이 편하다.

그러면 흑4로 협공해서 백은 실
리, 흑은 두터움의 양상인데 어쨌
든 백이 귀에 치우쳐서는 약간 기
분 나쁘다.

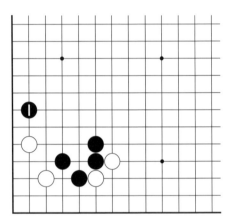

14도

### 14도 (백이 답답한 모양)
이 시점에서 단순히 흑1로 압박해
도 귀의 백은 진출로가 막혀 답답
한 모양이다.

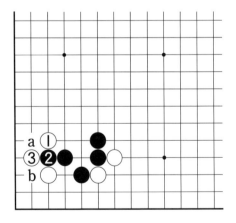

15도

### 15도 (가볍게 뛰는 수)
되돌아가서, 백1로 뛰는 수는 가
볍게 두자는 의도가 있다.

흑2로 들어가는 것은 백3으로
막을 때 흑a나 b로 끊겠다는 뜻인
데 백도 이를 염두에 두고 있다.

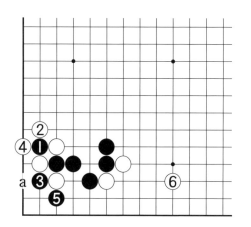

16도

## 16도 (백, 충분)

흑1로 변쪽을 끊으면 대략 6까지 진행이 예상된다.

　귀를 흑이 차지했지만 a의 단수 활용으로 크지는 않다. 백도 양쪽을 정리했으니 충분하다.

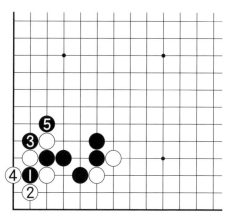

17도

## 17도 (귀쪽 끊음)

15도 다음 흑1로 귀쪽을 끊으면 이하 5까지 변의 한점을 잡아 두텁지만 백도 귀의 실리를 차지하고 나서~

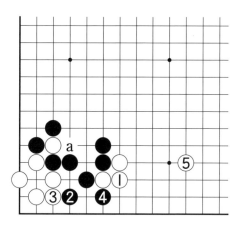

18도

## 18도 (선수 이음)

이 형태는 백1의 이음이 선수가 된다. 백a의 맛으로 흑2, 4로 귀와의 연결을 차단하면 백5로 벌려 하변을 산뜻하게 정비할 수 있다.

　어쨌든 16도와 18도는 백이 가볍게 타개하려는 소기의 목적을 충분히 달성했다.

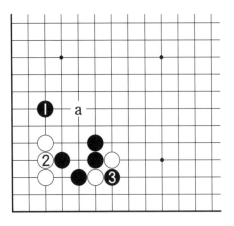

19도

## 19도 (변에서 차단)

흑은 백 모양을 직접 건드리지 말고 흑1로 변에서 차단하는 것이 유력하다. 백2로 약점을 이을 때 흑3으로 한점을 제압하면 흑이 두터운 결과이다. 흑3은 a로 포위할 수도 있다. 귀의 백은 석점이 일렬로 나열된 비효율적인 모양이라 불만이다.

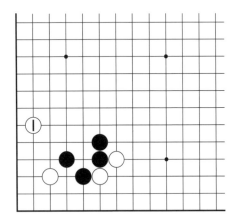

20도

## 20도 (눈목자 행마)

이 대목에서 공간을 바라보는 안목이 예리한 AI의 추천 일순위는 백1의 눈목자 행마이다.

그동안 엷다고만 생각하던 수였는데 고정관념이었다. 자세는 낮지만 변에 더욱 빠르게 진출할 수 있다.

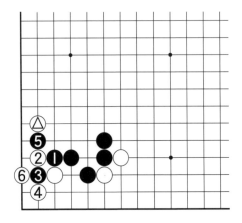

21도

## 21도 (껴붙이는 자리)

이때 흑1, 3으로 귀쪽을 끊으면 백4, 6으로 한점을 잡고 나서 △가 자연스럽게 껴붙이는 자리에 있다.

17도와 비교해도 백이 더욱 좋은 흐름임을 알 수 있다.

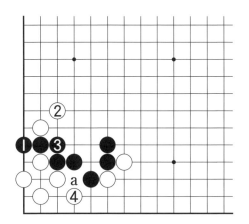

22도

## 22도 (백, 만족)

이다음 흑1로 차단하면 백이 2를 활용하고 4로 귀를 확실히 살아두기만 해도 만족이다.

흑1에 백a로 응수를 물어보며 두는 것도 일책이다.

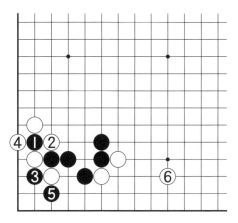

23도

## 23도 (환원)

21도 백2 때 흑이 끊어가자면 1로 변쪽에 끼운 후 3, 5로 귀의 한점을 잡는 것이 나을 것이다.

백도 6까지 양쪽을 정리해서 충분한데 그러고 보니 16도의 환원이다.

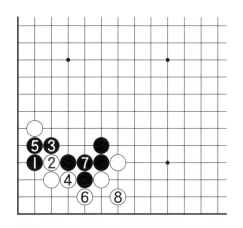

24도

## 24도 (꼬부리는 맥)

20도 다음 이곳을 흑이 확실히 차단하자면 1로 침입한 후 3으로 막는 것인데, 그러면 백4로 꼬부리는 맥이 기다린다.

이하 8까지 된다면 귀에서 변으로 연결된 백의 자세가 훌륭하다.

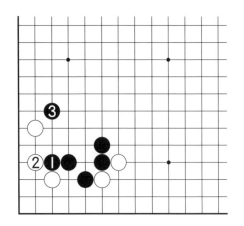

25도

### 25도 (두터운 방어)

이곳은 흑도 직접 건드리지 말고 1, 3으로 씌우면서 약점을 노리는 것이 두터운 방어이다.

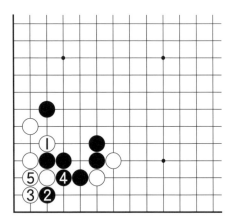

26도

### 26도 (귀의 선수활용)

이다음 백1로 보강하면 흑2, 4를 활용해 귀를 정리한 후 선수를 잡고 두면 흑도 충분하다.

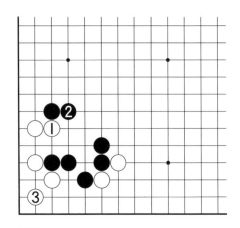

27도

### 27도 (백의 일책)

백이 귀의 선수활용을 피하려면 1, 3으로 정리하는 것도 일책이다. 앞 그림과는 일장일단이 있다.

　26도와 27도는 백도 효율적 삶의 모양이므로 서로 어울렸다고 본다.

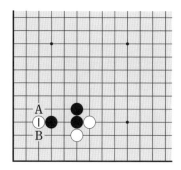

### ▦ 장면

붙여뻗기 정석에서 백이 1로 하변의 본진을 이탈해서 상대의 옆구리에 붙여온 장면이다. 상도를 벗어난 행마이지만 쉽게 생각했다간 그 노림에 걸려든다. 흑의 응징책은 무엇인지 생각해보자.

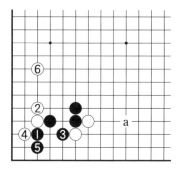

### 1도 (백의 의도)

흑1로 귀쪽에서 젖히면 백2로 늘고 나서 6까지 서로 모양을 갖추게 된다.

다음 흑은 a로 하변을 주도하며 둘 수 있지만 좌변에 터를 잡은 백이 편안하다. 백의 의도대로 흘러간 느낌이다.

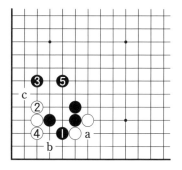

### 2도 (호구 막음)

흑1의 호구 막음이 백의 의도를 분쇄한다. 백2로 변에 나가는 정도인데 흑3으로 앞길을 차단한다. 백4로 귀에서 살면 흑5로 포위하든가 a로 한점을 잡아 두텁다.

이다음 흑은 b, c가 모두 선수가 되니 즐겁다(본형 19도 참조).

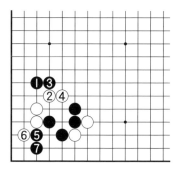

### 3도 (미생)

흑1에 백2, 4로 중앙에 진출하면 흑이 5, 7로 근거를 차지해서 백이 미생으로 쫓기니 좋을 리 없다. 그동안 흑은 좌변도 모양을 만들 수 있다.

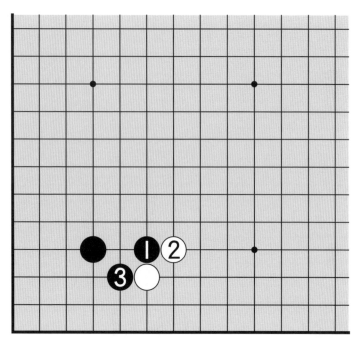

기본형

흑1, 3의 붙여막기는 귀의 실리를 중시하는 실전적 수단 인데 한때 세계 바둑계를 주도했던 이창호가 즐겨 사용하 면서 유행했던 정석이기도 하다. 흑3의 마늘모붙임과 더불 어 하수의 발상으로 여겨졌지만 AI의 등장으로 현재 마늘모 붙임은 유행하고 붙여막기는 거의 두지 않는다. 때에 따라 선택도 가능하므로 핵심 변화에 대해 알아본다.

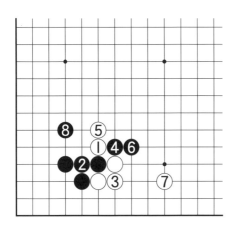

1도

### 1도 (흑, 유리)

일단 백1의 단수 한방은 기분 좋다. 다음 백3의 변쪽 이음이면 흑4의 끊음으로 싸움이 일어나는데, 8까지 예상할 때 흑의 귀는 강한 반면 끊어진 양쪽 백은 근거가 빈약하므로 흑이 유리하다.

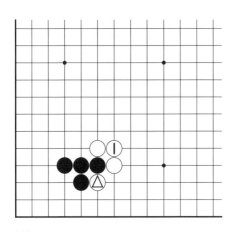

2도

### 2도 (두터운 이음)

앞 그림 흑2 때 백이 잇는다고 하면 1로 중앙 쪽을 선택하는 것이 두텁다.

　백△는 서로 가볍게 처리한다는 자세가 바람직하다.

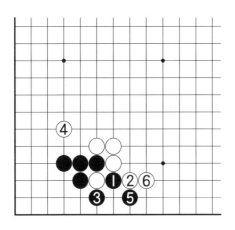

3도

### 3도 (한점 잡는 경우)

이다음 흑1, 3으로 한점을 잡으면 백4로 자연스럽게 변의 요소를 차지한다. 흑5와 백6의 교환은 필연인데 백이 두터운 흐름이다.

　다만 귀의 근거가 단단하므로 상황에 따라 흑이 선택할 수 있다.

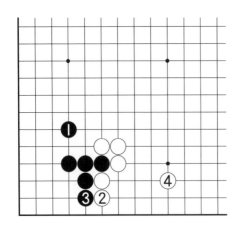

4도

## 4도 (무난한 진행)

보통은 2도 다음 흑1로 변에 뛰는 것이 우선이다. 백2로 내려서는 수는 실리를 중시한다.

다음 흑3에 받고 백4로 벌리면 서로 무난한 진행이다.

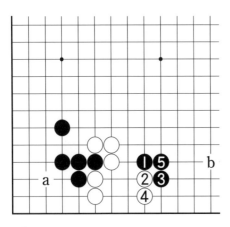

5도

## 5도 (공격적 다가섬)

앞 그림 백2 때 흑1은 공격적 다가섬이다.

백이 싸움을 피하자면 2, 4로 근거부터 확보하고 나서 흑5 다음 백a의 침입과 b쪽 공격을 노리는 것이 알기 쉽다. 흑도 양쪽을 두게 되어 불만이 없다.

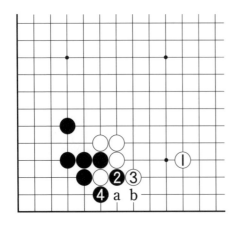

6도

## 6도 (백이 벌리는 경우)

이 시점에서 백이 변을 중시한다면 1로 벌릴 수도 있다. 흑2, 4로 한점을 잡을 때 백이 강하게 두자면 a로 단수치고, 무난하게 두자면 b로 늘어둔다.

초반에는 큰 곳이 많을 테니 아예 손을 뺄 수도 있을 것이다.

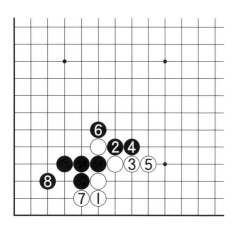

7도

## 7도 (백이 내려서는 경우)

되돌아가서 1도 흑2 때 백1로 내려서는 수는 중앙은 끊기더라도 귀를 엿보며 변에서 안정된 모양을 갖추려는 의도가 있다. 그런 점에서 보면 두터움보다 실리를 중시하는 수단이다. 흑2로 끊는 것은 당연한 기세이며 8까지 알기 쉬운 정석 수순으로 기억해둔다.

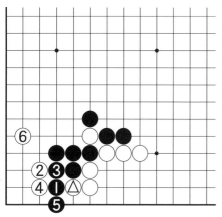

8도

## 8도 (흑의 손해)

앞 그림의 수순에서 백△ 때 흑1로 막는 것은 백2, 4의 활용이 통렬하다. 흑5로 차단하면 백6으로 진출해서 흑의 손해가 크다.

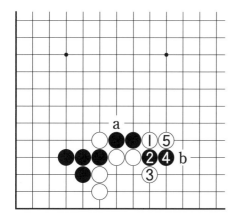

9도

## 9도 (백이 젖히는 경우)

7도 흑4 때 백1의 젖힘은 중앙 두터움을 중시한다. 이때 흑2로 끊고도 싶지만 백3, 5로 몰면 a와 b가 맞보기로 축에 걸리니 흑이 곤란하다.

물론 중앙 a의 축이 백한테 유리할 때 이런 수를 구사해야 한다.

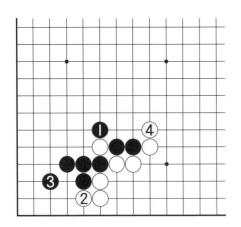

10도

### 10도 (힘찬 행마)

따라서 이때는 흑1로 한점을 잡는 것이 순리이다.

백은 2의 꼬부림을 활용한 후 4로 올라서는 것이 힘찬 행마이다.

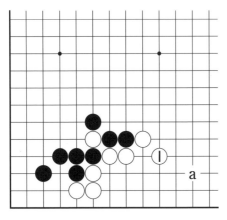

11도

### 11도 (백, 미흡)

앞 그림 백4로 올라서지 않고 1로 변을 지키는 것은 추위를 타는 수로 약간 미흡하다.

어차피 흑a로 다가서는 수가 있기 때문에 이처럼 굳이 변에만 치중할 이유가 없다. 이럴 바에야 백이 7도처럼 두고 선수를 잡는 것이 현명하다.

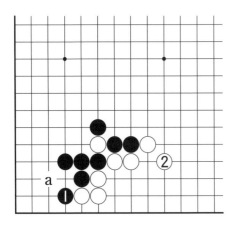

12도

### 12도 (활용 수단)

10도 백2 때 흑1로 막으면 이때는 백2로 변을 안전하게 지키는 것이 올바르다.

그런 후 a의 활용 수단이 남기 때문에 이번에는 흑이 불리하다.

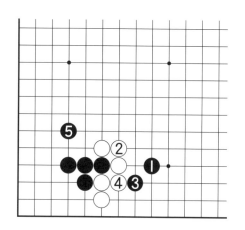

13도

### 13도 (통째로 공격)

이 시점에서 흑1로 다가서는 수도 유력하다.

　백2로 이으면 흑3, 5로 백 전체를 무겁게 해서 통째로 공격하려는 의도이다.

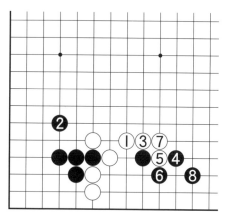

14도

### 14도 (흑, 만족)

흑이 다가설 때 백이 1로 호구친 후 흑2에 백3으로 눌러가면 중앙에서는 활발하게 둘 수 있다.

　그러나 흑4로 뛴 후 8까지의 진행을 예상할 때 흑이 양쪽을 정리해서 만족이다.

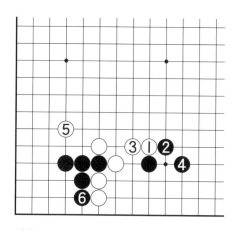

15도

### 15도 (유력한 붙임)

백1로 붙이는 것이 무거움을 피하는 유력한 수단이다.

　만일 흑2, 4로 받으면 백5로 좌변 진출을 선수로 둘 수 있으니 백이 활발한 진행이다.

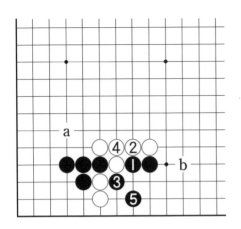

16도

### 16도 (흑, 충분)

흑은 1로 치받는 것이 좋은 응수 타진이다. 이때 백2로 막으면 흑 3, 5로 백 두점을 잡아 충분하다.

다음 백a로 좌변에 진출하면 흑 b로 뛰어 귀에서 하변으로 이어진 흑의 실리가 크다.

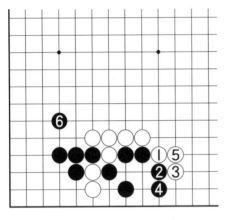

17도

### 17도 (흑, 만족)

이렇게 된 이상 백1로 하변을 압박하고 싶은데 흑2에 백3, 5로 이으면 후수가 된다.

결국 흑이 6의 요소를 차지해서 만족이다.

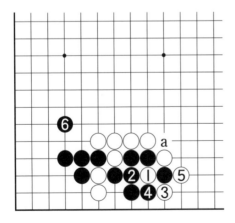

18도

### 18도 (패로 버티는 변화)

앞 그림 흑2 때 백1, 3으로 돌려치면 흑4에 백5의 패로 강하게 압박해 실리 이득을 얻을 수도 있겠지만 흑6으로 좌변에 손을 돌리면 그만이다.

어차피 백이 두터움을 지키자면 a로 이어야 하니 후수까지 잡을 상황이다.

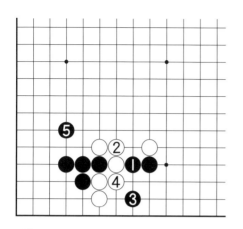

19도

## 19도 (용의주도)

흑1에는 백2로 잇는 것이 무난하다. 그러면 흑은 3을 활용한 후 5로 귀를 지키는 것이 용의주도한 수순이다.

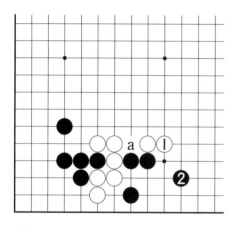

20도

## 20도 (무거운 행마)

이때 백1로 느는 것은 무거운 행마이다.

흑이 2로 앞서 달리며 a로 나가 끊는 맛을 노리면 활발하다.

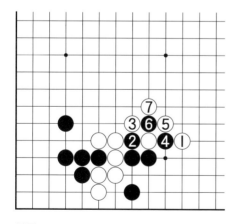

21도

## 21도 (탄력적 뜀)

19도 다음 백1로 뛰는 것이 탄력적인 응수이다.

이때 흑2, 4로 뚫고 나가려 하면 백5, 7로 봉쇄하는 것이 중앙 모양을 정리하는 요령이다.

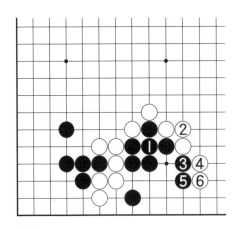

22도

## 22도 (위험한 이음)

계속해서 흑1로 잇는 것은 위험한 발상이다. 백이 2로 잇고 4, 6으로 막게 되어 흑이 곤란하다.

그러면 흑이 겨우 후수로 살아가는 동안 백이 중앙을 지키며 두터움으로 압도할 수 있다.

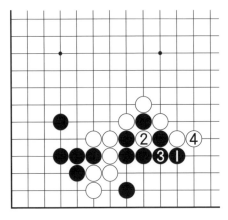

23도

## 23도 (백, 두터운 흐름)

따라서 21도 다음 흑1로 젖힐 수밖에 없다.

백이 2를 선수한 후 4로 늘면 두터운 흐름이다.

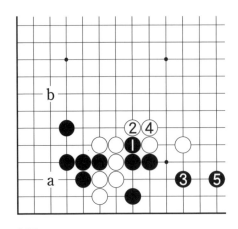

24도

## 24도 (올바른 수순)

이 시점에서 흑은 1로 나가 약점을 만들어 놓고 3으로 진출하는 것이 올바른 수순이다. 백4로 이을 때 흑5로 하변 모양을 정리할 수 있다.

백도 선수로 두터움을 얻었고 a와 b의 요소가 남았으므로 충분하며 서로 어울렸다.

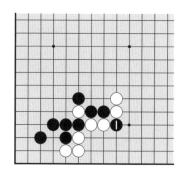

### 장면

이 그림은 정석이 일단락된 장면인데 흑1
로 끊으면 어떻게 되는지 생각해보자.

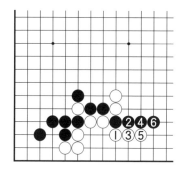

### 1도 (백의 가치 상실)

백1 이하로 밀어서 6까지 되면 중앙 백
두점이 끊겨서 재미없다. 백이 중앙으로
두텁게 둔 가치를 상실한다.

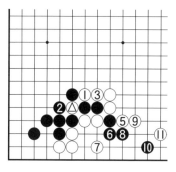

### 2도 (흑, 위험)

백은 1, 3을 선수활용한 후 5, 7로 흑을
변쪽으로 몰아가면 즐거운 진행이다. 흑8,
10이면 백11로 씌워서 흑이 위태롭다.

　　만일 2선을 줄곧 기어서 살아야 한다면
흑이 생불여사이다.　　　　　　　**④**‥△

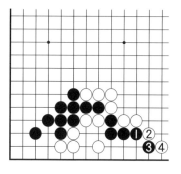

### 3도 (이단젖힘)

앞 그림 백9 때 흑1로 밀어가도 백2, 4로
이단 젖히면 흑이 본진을 살릴 수 없다.

## 실전 정석활용

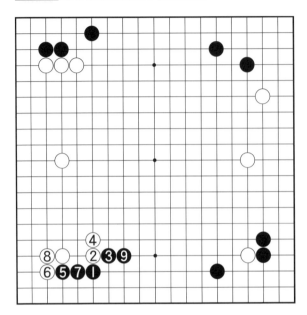

실전 1

### 실전 1

좌상귀와 우하귀 모양만 보더라도 AI시대 포석임을 알 수 있다. 흑1의 걸침에 백은 좌변 삼연성의 확장을 목적으로 2, 4의 붙여뻗기 정석을 시도했다. 이하 9까지 서로 모양 대결이다. 흑9의 쌍점은 우하귀 눈목자굳힘과 조화를 이루기 위함이다.

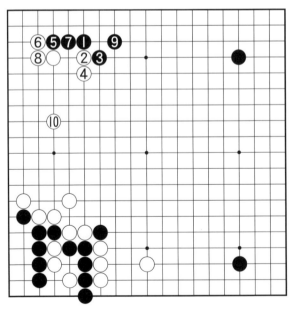

실전 2

### 실전 2

좌하귀는 이른 3三침입에서 비롯된 AI시대 유행 정석이다. 흑1의 걸침에 백2, 4의 붙여뻗기는 좌변 외세를 살리기 위한 정석 선택이다.

흑은 9까지 상변에 모양을 잡았고, 백은 10으로 지켜 침입의 여지를 없애며 대모양 형성에 만전을 기했다.

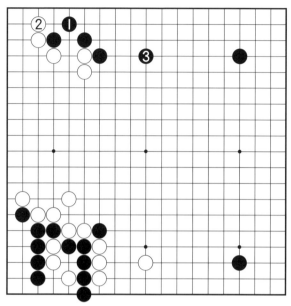

참고도 1

### 참고도 1 (AI 추천1)

우선 실전 백6 때 AI는 흑1의 호구 행마로 백2를 유도한 후 흑3으로 상변에 모양을 갖추는 것이 좋다고 한다.

그러면 상변의 폭이 넓고 귀에도 틈새가 생겨 흑이 좌변 삭감하는 데도 도움을 준다는 뜻이다.

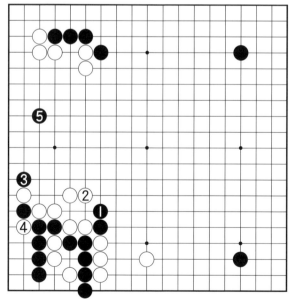

참고도 2

### 참고도 2 (AI 추천2)

실전 백8 때도 AI는 귀의 백이 견실한 만큼 좌변 삭감을 서두르는 편이 좋다고 한다.

그런 경우 흑1을 선수해놓고 3, 5로 침입하는 행마의 리듬을 제시해준다.

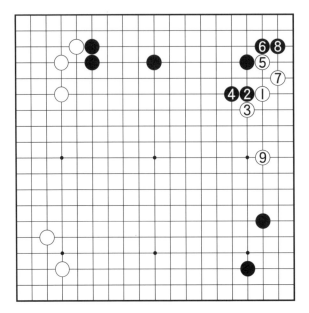

실전 3

## 실전 3

이 실전은 PART 3에서 보았던 포석이다.

　백1로 걸칠 때 AI는 흑2, 4의 붙여뻗기를 추천한다. 이하 9까지 AI가 제시하는 변화이다.

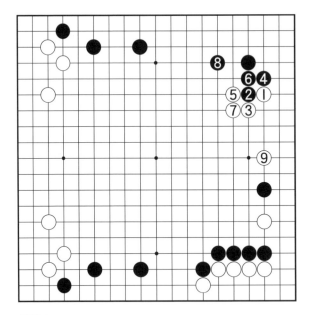

실전 4

## 실전 4

상변과 같은 포석에서 백1로 걸치면 흑2, 4의 붙여막기 정석이 한때 유행했다. 이하 9까지 간명한 진행이다.

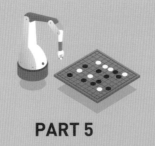

**PART 5**

# 한칸과 눈목자
# 받음 정석

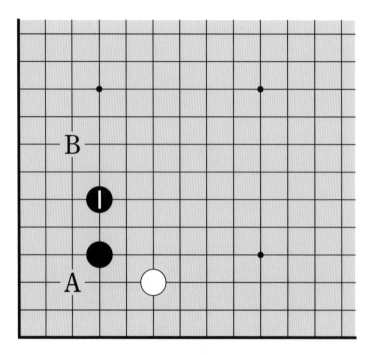

기본형

흑1의 한칸받음은 날일자에 비해 변의 뒷문이 열려있지
만 중앙을 중시하는 두터운 지킴이다.

백은 전략에 따라 선택도 달라지는데 하변에서 무난하게
정착하는 방법과 더불어 A의 능동적인 3三침입, B의 공격
적인 다가섬 등을 기본적으로 생각할 수 있다.

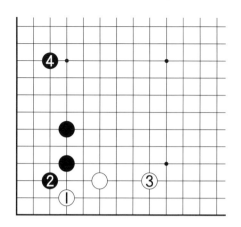

1도

## 1도 (국민정석)

백1, 3으로 하변에 모양을 잡으면 일단 평탄하다. 흑도 4의 벌림이 후수이지만 근거지를 형성하는 요처이다.

　소위 국민정석 상위 랭킹에 드는 무난한 진행이다.

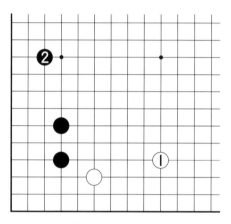

2도

## 2도 (무난한 벌림)

한칸받음에서 서로 한 수씩 모양을 넓힌다면 백1과 흑2의 세칸으로 백은 높고 흑은 낮게 벌리는 것이 균형상 무난하다.

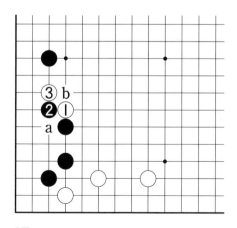

3도

## 3도 (백의 좌변 도모)

1도의 기본 정석에서 백이 좌변을 도모한다면 1, 3으로 4선부터 붙이며 파고들 수 있다.

　이때 흑a로 이으면 백도 b로 이어 좌변 흑을 갈라놓으려는 의도가 통한다.

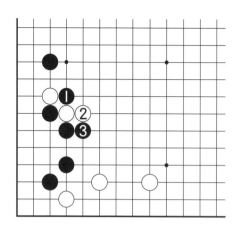

4도

### 4도 (미는 방향이 초점)

이다음 흑1로 단수치고 백2로 나갈 때가 초점이다.

흑은 어느 쪽이든 밀어야 하는데 3쪽은 방향이 틀렸다.

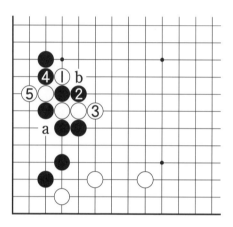

5도

### 5도 (백, 축이 유리한 경우)

축이 유리하면 백1로 단수치고 3으로 나간다.

흑4에 백5로 나간 후 a와 b의 맞보기로 흑이 곤란하다.

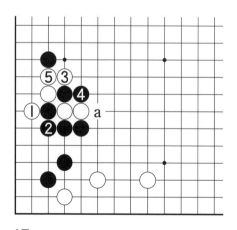

6도

### 6도 (백, 축이 불리한 경우)

4도 다음 백은 축이 불리해도 1, 3으로 단수치고 5로 이어 갈라놓으면 소기의 목적을 이룰 수 있다.

흑도 a로 두점을 잡지만 이 두터움을 크게 활용하지 못한다면 좌변의 손실을 만회하기 어렵다.

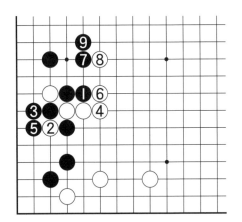

7도

## 7도 (올바른 방향)

4도 백2 때 흑이 올바르게 미는 방향은 1쪽이다. 백은 2, 4로 단수치고 늘어둔 후 흑5에 백6의 꼬부림이 두터운 수단이며 보통 9까지 일단락된다.

흑은 실리를 지키고 백은 활용을 통해 중앙 두터움을 얻었다.

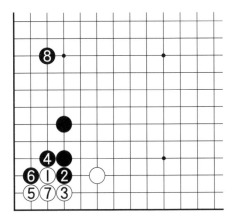

8도

## 8도 (3드침입)

처음부터 백1의 3드침입은 스피드한 실리작전이다.

이때 흑이 온건하게 두자면 2, 4로 물러선 후 8까지 하변의 연결은 허용하고 좌변에 안착한다.

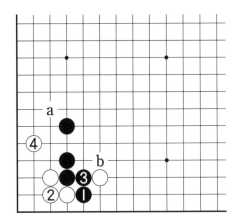

9도

## 9도 (차단)

앞 그림 백3 때 흑1, 3의 차단은 한때 많이 두던 적극적 수단이다. 백4로 실리는 내주지만 흑은 바깥 세력을 중시한다.

다음 흑a는 느슨하고, 흑b는 백a의 진출을 허용해서 재미없기에~

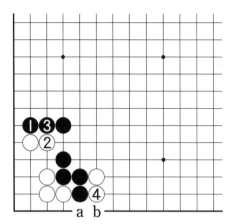

10도

## 10도 (행마의 리듬)

흑1로 붙이는 것이 힘찬 수단이
며, 백은 2를 선수한 후 4의 활용
으로 응수를 묻는 것이 행마의 리
듬이다. 다음 흑은 a와 b의 선택
이 있다.

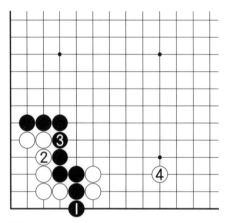

11도

## 11도 (내려빠지는 경우)

흑1로 내려빠지면 백2로 살아두
는 것이 확실하다.

다음 흑3에 지키고 백4로 벌리
면 일단락인데 AI는 백이 약간 활
발하다고 본다.

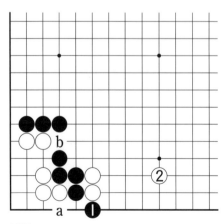

12도

## 12도 (젖히는 경우)

10도 다음 흑1로 젖히면 백은 a가
선수인 만큼 귀는 이대로 살아있
어 백2로 벌리는 진행이 예상된
다. 참고로 이모양에서는 흑b로
막으면 귀에 패맛이 생기는 것도
염두에 두어야 한다.

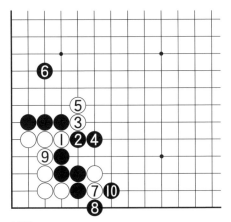

13도

## 13도 (능동적 끊음)

10도 흑3 때 백1, 3으로 나와끊는 수도 능동적이다. 흑4에 백5로 늘어두고 7의 활용 후 9로 사는 것이 행마의 리듬이다.

흑10의 젖힘으로 보강하며 숨을 돌리는데 이 진행도 백이 활발한 싸움이라고 본다.

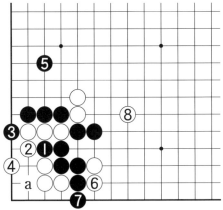

14도

## 14도 (교묘한 포위)

앞 그림 백5 때 흑1, 3의 선수활용은 흑5에 백a로 살면 흑의 이득이라는 기대가 담겨있다.

이때 백은 살지 않고 6, 8의 포위가 판을 넓게 보는 교묘한 행마이다.

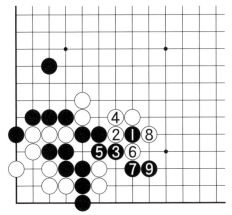

15도

## 15도 (끼우는 맥)

이다음 흑1로 붙여 나가면 백2의 끼움이 맥이다. 흑3에 단수친 후 9까지 변으로 진출할 수 있지만 그동안 허용한 중앙 백의 두터움이 돋보인다.

귀의 백은 가일수해도 되고 손을 빼도 고스란히 죽지 않으므로 이 결과는 백의 성공이다.

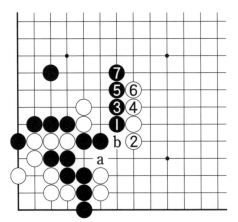

16도

## 16도 (백, 두터움)

앞 그림 백2와 같은 끼움을 방지하기 위해 흑1쪽 붙임부터 두면 백2로 늦춘다. 흑3에 나갈 때 백4, 6으로 미는 것이 거의 선수이고 a와 b의 활용도 남아 백이 역시 두터운 흐름이다.

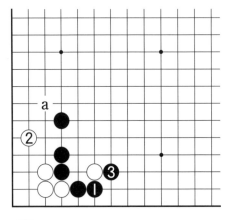

17도

## 17도 (권장하는 지킴)

흑이 하변을 차단한 이상 AI는 흑1, 3의 지킴을 권장한다.

백a의 좌변 진출은 허용할 수 있지만 흑의 하변 진영이 두터운 이점이 있다.

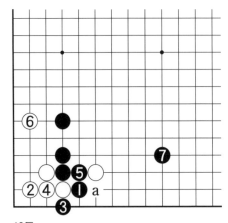

18도

## 18도 (눈목자벌림)

흑1로 젖힐 때 백2의 호구이음은 엷은 만큼 특별한 경우에만 사용한다. 흑3, 5로 차단할 때 백6의 눈목자로 넓게 벌리겠다는 뜻인데, 그러면 흑이 7의 협공으로 하변을 장악한다.

백은 a의 활용이 없는 만큼 직접 움직이기가 어렵다.

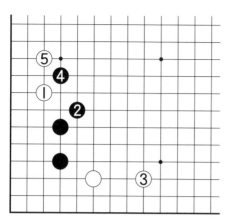

19도

## 19도 (느슨한 마늘모)

처음으로 돌아가서, 백1로 좌변에 다가서는 것은 공격적인 도발이다. 이때 흑2의 마늘모는 양쪽 백을 노리지만 느슨한 행마이다.

우선 백은 3으로 하변을 벌리고 나서 좌변은 흑의 태도에 따라 대응한다. 가령 흑4에 씌우면 백5로 수습할 수 있다.

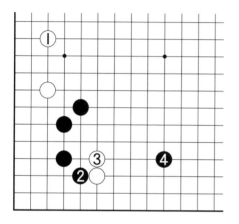

20도

## 20도 (강력한 공격)

앞 그림 흑2 때 백1로 좌변을 먼저 벌리는 수도 일책이다.

이때 흑은 2, 4의 강력한 공격을 꿈꾸고 있을지 모른다. 이런 흐름이면 흑이 기세를 탄다.

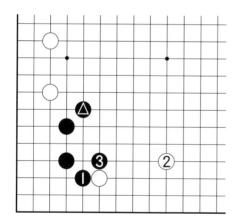

21도

## 21도 (흑, 중복)

흑1의 마늘모붙임에는 백2로 멀리서 견제하는 것이 현명하다.

흑3의 호구가 요처이지만 ❷까지 있는 마당에 중복에 가깝다.

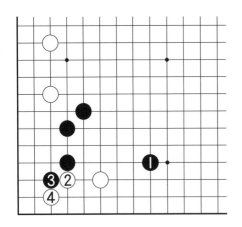

22도

## 22도 (자체 수습)

흑이 마늘모로 붙이지 않고 1로 직접 협공하면 이번에는 백이 2, 4로 자체에서 수습할 수 있다.

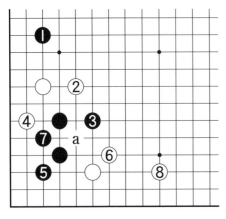

23도

## 23도 (좌변에서 공격)

되돌아가서 흑은 어느 쪽이든 직접 공격하는 것이 능동적이다.

좌변이면 흑1, 3이 공격의 리듬인데 백4로 근거를 노리면 흑5로 3三을 지키는 것이 보통이다.

백6의 마늘모는 a를 노리는 수이며 흑7로 지킬 때 백8로 벌리면서로 자연스런 공방이다.

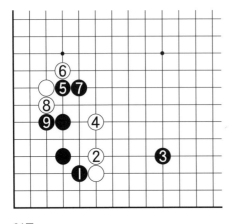

24도

## 24도 (하변에서 공격)

AI의 추천 공격법은 흑1, 3의 협공이다. 이하 9까지 예상되는 변화이다.

백은 양쪽을 수습하는 것이 과제인데 순탄하지는 않기에 19도 백1의 도발은 이런 싸움을 견딜 수 있어야 한다.

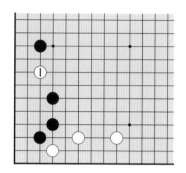

### ▦ 장면

한칸받음의 기본 정석에서 백1로 침입하면 흑의 가장 효과적인 대처는 무엇인지 생각해보자.

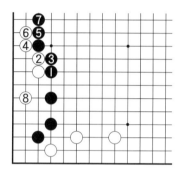

### 1도 (근거지 파괴)

흑이 알기 쉽게 두자면 1로 붙인 후 8까지 살려주면 되지만 근거지가 파괴되어 백의 목적 달성이다.

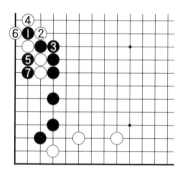

### 2도 (빵따냄 활용)

앞 그림 백4 때 흑1의 이단젖힘이면 7까지 두점을 잡으며 실리를 보전할 수 있지만 백의 빵따냄 활용이 아프다.

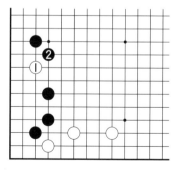

### 3도 (마늘모 가두기)

백1에는 흑2의 마늘모로 가두는 것이 효과적이다.

백이 안에서 살더라도 하변이 다치면 되려 손해인데 '생불여사' 격언을 떠올려도 좋겠다.

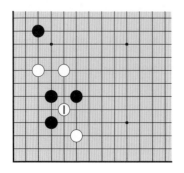

### ▦ 장면

이 장면에서 백1로 양쪽 한칸을 동시에 들여다보는 것은 현혹하는 수이다. 흑이 어떻게 받아야 할지 생각해보자.

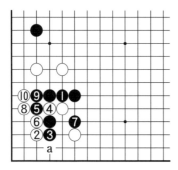

### 1도 (흑, 당함)

흑1로 위를 이으면 백2의 3三침입이 제격이다. 흑3에 차단하면 백4, 6으로 나가끊는다. 흑7로 두점을 잡을 수 있지만 백이 8, 10으로 건너면 기분 좋은 흐름이다.

백a의 젖힘도 남아있으니 흑이 현혹수에 당한 결과이다.

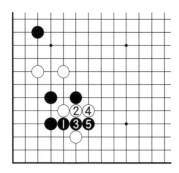

### 2도 (흑의 응징)

백이 들여다보면 흑1로 아래에서 나가는 것이 응징하는 좋은 수단이다. 백2로 물러서면 흑3, 5로 계속 뚫고나간다.

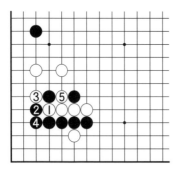

### 3도 (흑, 만족)

이다음 백1, 3으로 끊어 반격하면 흑4로 잇고 백5로 중앙 쪽을 제압할 수 있지만, 귀와 변의 실리를 크게 장악한 흑이 만족이다.

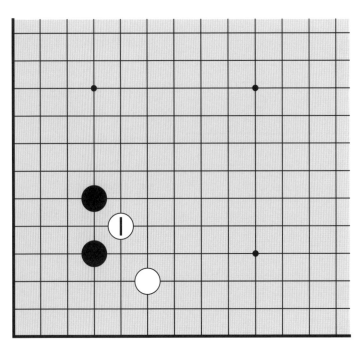

기본형

한칸받음에 대해 백1로 5선에서 들여다보는 것은 상대
를 굳혀준다 해서 예전에는 악수의 표본이었다.

지금은 AI가 즐겨 두면서 고정관념을 깨는 활용의 응수
타진으로 둔갑하여 격세지감인데 이후의 변화에 대해 알아
본다.

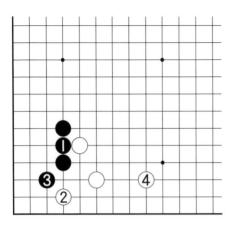

1도

### 1도 (백의 활용)

흑1로 이으면 아주 튼튼해서 흑의 이득이라는 것이 그동안의 고정관념이었다.

그런데 백2, 4로 정석 진행을 하고보면 중앙 교환은 백의 활용이 된다는 것이 AI의 판단이다. 그래서 백2 때 흑도 손을 빼고 두는 경우가 많다.

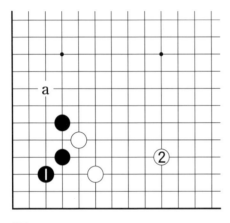

2도

### 2도 (흑의 부담)

흑1의 마늘모로 귀를 지키는 것은 실리로 이득을 얻으려는 생각이지만 모호한 행마이다.

백2로 벌리고 나서 a의 다가섬이 흑의 큰 부담으로 남는다.

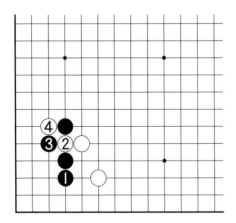

3도

### 3도 (쌍점 지킴)

흑1의 쌍점 지킴은 생각할 수 있는 대응 수단이다.

백2, 4로 나가끊을 때가 초점인데~

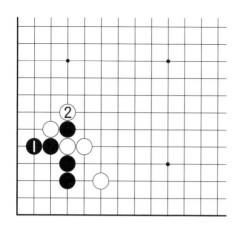

4도

### 4도 (흑, 불만)

흑1로 물러서고 백2로 한점을 축으로 잡으면 흑이 불만이다. 물론 이 축은 백이 유리해야 한다.

　반대로 백은 축이 불리하면 나가끊는 수가 어렵다는 뜻이기도 하다.

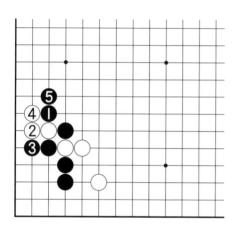

5도

### 5도 (흑의 축이 불리한 경우)

3도 다음 흑은 축이 불리하면 1, 3으로 몰아가는 것이 정수이다. 백4에는 흑5로 늘고 나서~

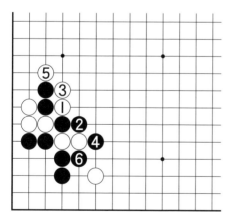

6도

### 6도 (바꿔치기)

백1, 3으로 양쪽을 노리면 6까지 서로 두점을 잡으며 바꿔치기가 일어난다.

　부분적으로 흑의 실리가 크지만 후수이므로 서로 어울렸다.

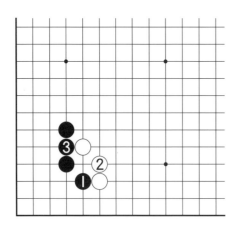

7도

### 7도 (백, 불만)

처음으로 돌아가서, 흑1의 마늘모
붙임이 가장 적극적 수단이다.

백2로 그냥 받으면 흑3으로 이
어 귀를 지킨 흑 모양이 완전 튼
튼한 만큼 백의 불만이다.

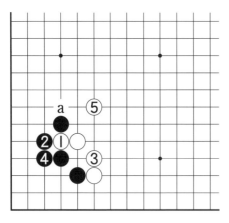

8도

### 8도 (활용이 남는다)

백이 온건하게 받더라도 1로 찔러
놓고 3으로 두는 것이 한결 낫다.

다음 흑4로 잇는 것은 백5로 넓
힐 때 a의 활용이 남아 흑이 불만
이다.

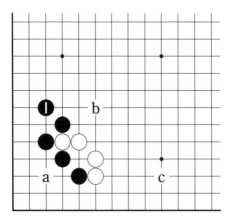

9도

### 9도 (변쪽 이음)

앞 그림 흑4 대신 AI는 흑1의 변
쪽 이음을 추천한다. a의 단점은
남지만 b로 확장하는 자세가 좋다
는 뜻이다.

백도 상황에 따라 b나 c쪽을 둘
수 있지만 a의 침입은 이른 시기
에 결행하는 것이 실리로 크다.

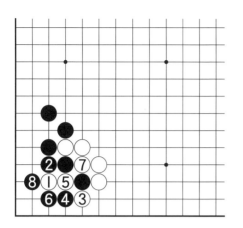

10도

### 10도 (흑, 불만)

백1로 바로 침입하면 흑은 어떻게 대처할까.

흑2로 받은 후 8까지 물러나는 것은 활용당한 결과로 흑의 불만이다.

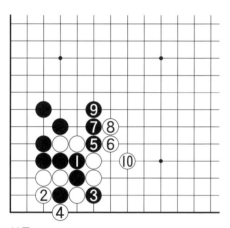

11도

### 11도 (능동적 행마)

앞 그림 백5 때 흑1로 잇고 백2로 귀는 내주더라도 흑3, 5로 끊는 것이 능동적 행마이다.

이하 10까지 예상되는 변화인데 흑이 실리는 손해이지만 두터움으로 대항할 수 있다.

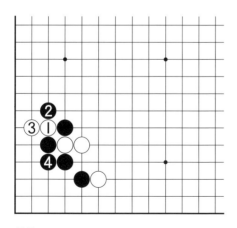

12도

### 12도 (변쪽 끊음의 경우)

8도 흑2 때 백도 흑진의 단점을 끊는 것이 적극적 태도인데, 백1의 변쪽 끊음이면 흑2, 4로 몰고 이을 때 중앙 방면이 약한 백이 헤쳐나가기 어렵다.

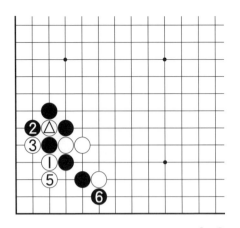

13도

**4**…△

### 13도 (백, 불리)

앞 그림 흑2 때 백1로 끊고 5까지 귀에 들어갈 수 있지만, 한점 따낸 흑의 좌변이 두터워졌고 하변도 흑6으로 수습하면 백이 불리하다.

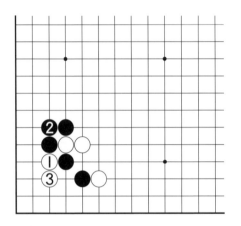

14도

### 14도 (흑, 열세)

따라서 백1로 귀쪽에서 끊는 것이 올바르다.

이때 흑2로 잇는 것은 백3으로 늘 때 앞 그림과는 상황이 다르다. 흑은 좌변이 약한 만큼 이번에는 열세에 놓인다.

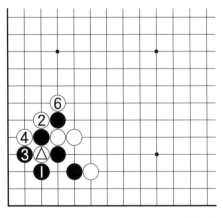

15도

**5**…△

### 15도 (백, 충분)

따라서 백△에는 흑1로 단수쳐야 하며, 백도 2 이하 6까지 한점을 축으로 잡을 수 있다면 충분하다.

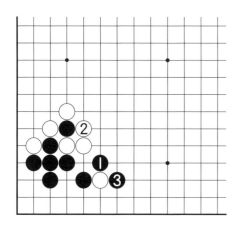

16도

## 16도 (타협)

다만 흑은 축이 불리해도 1로 젖히고 나와 백2로 따낼 때 흑3으로 하변 한점을 잡을 수 있다.

흑이 후수이지만 실리가 큰 만큼 부분적으로 타협된 결과이다.

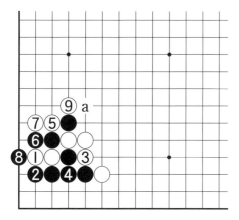

17도

## 17도 (백, 우세)

15도의 2 대신 백1로 나갈 수도 있는데, 흑2로 귀에서 막는 것은 편협된 사고이다. 백이 3 이하 7까지 싸 바르고 9로 한점을 잡으면 우세하다.

백은 축이 불리해도 9 대신 a로 씌워 정리하면 두터움으로 싸울 수 있다.

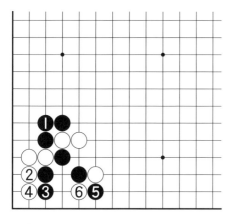

18도

## 18도 (백, 축이 유리한 경우)

귀에서 백이 두점으로 키울 때 흑은 1로 이을 수 있어야 균형이 잡힌다.

이때 백은 축이 유리하면 2, 4로 밀어갈 수 있는데 흑5에 백6으로 맞끊겠다는 의도이다.

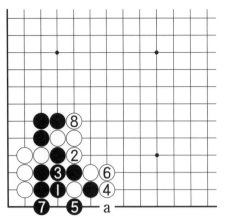

19도

### 19도 (백, 두터움)

이때 축이 불리한 흑은 1로 물러서고 7까지 살아야 하며 그동안 바깥이 싹 발린다.

이다음 백8로 중앙 요소를 밀어가면 a의 활용도 있는 만큼 귀의 넉점은 잡혔지만 백이 두터운 진행이다.

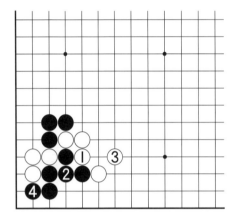

20도

### 20도 (백, 축이 불리한 경우)

18도 흑3 때 백은 축이 불리하면 1, 3으로 바깥 모양부터 정비할 수 있다. 흑4로 귀를 잡더라도~

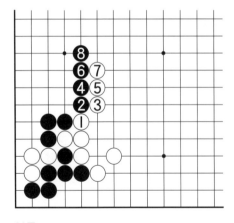

21도

### 21도 (실리와 세력 대결)

백1의 중앙 요소를 밀어가서 8까지 진행되면 실리는 허용해도 백은 선수로 두터운 세력을 활용해서 둘 수 있다. 실리와 세력이 서로 어울렸다.

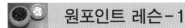
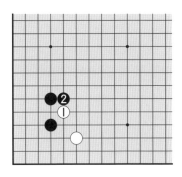

### ▦ 장면

백1로 들여다볼 때 흑2로 밀어 반발하면 백이 어떻게 대응할지 생각해보자.

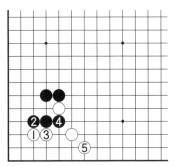

### 1도 (백, 만족)

일단 백1의 3三침입이 좋은 착상이다. 흑 2로 물러나면 백이 3, 5로 귀의 실리를 차지해서 만족이다.

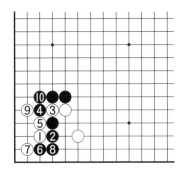

### 2도 (차단하는 경우)

백1에 흑2로 차단하면 일단 백3, 5로 끊는다. 흑6, 8로 젖힐 때 백9의 단수를 선수하고 나서~

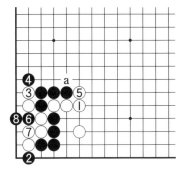

### 3도 (두터운 행마)

백1의 뻗음이 앞을 내다본 수비이다. 흑2의 젖힘에는 백3, 5로 밀고 꼬부리는 것이 두터운 행마이다. 흑6, 8로 실리는 허용해도 백은 a가 선수이므로 두터운 모양이며 이를 효율적으로 활용하면 충분하다.

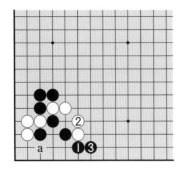

### ▦ 장면

이 장면에서 흑이 a로 늘지 않고 1, 3으로 변에 나가면 어떻게 되는지 생각해보자.

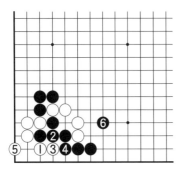

### 1도 (흑의 성공)

일단 백1의 단수는 당연한데 귀에 연연해서 3, 5로 사는 것은 과속 행마이다. 흑6으로 변의 요소를 차지하면 중앙 백이 약해져서 흑의 성공이다.

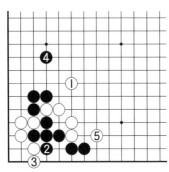

### 2도 (두터운 발상)

앞 그림 흑2 때 백은 1로 진출해서 흑2, 4를 유도한 후 백5로 씌우는 것이 두터운 발상이다.

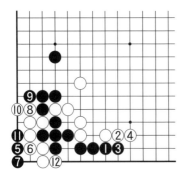

### 3도 (귀곡사로 수상전 유도)

이다음 흑1, 3으로 궁도를 넓힌 후 5로 귀를 잡으러 가면 일단 백은 6 이하 11까지 귀곡사를 유도한다.

그런 후 백12로 나가며 수상전을 유도하면 백이 불리할 일은 없다.

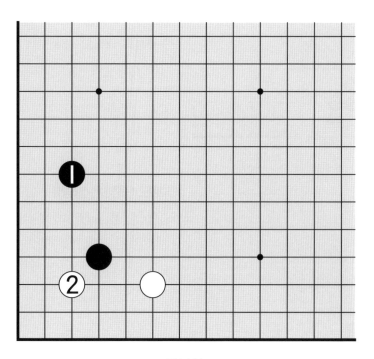

기본형

흑1의 눈목자받음은 귀의 폭을 넓히면서 변으로 앞선 진출을 원하는 수단인데 백2의 3三침입이 노출되어 실리에는 흑이 약할 수밖에 없다.

귀의 실리를 중시하는 AI시대에는 별로 두지 않지만 상황에 따른 선택도 있으므로 이후의 기본 변화는 알아둘 필요가 있다.

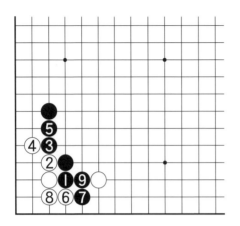

1도

### 1도 (흑의 성급한 젖힘)

우선 특별한 경우가 아닌 한 흑1
의 차단은 당연하다.

　백2에 흑3으로 젖히는 것은 성
급하다. 백4로 젖히고 나서 9까지
는 필연인데~

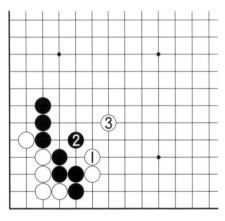

2도

### 2도 (폭넓은 발상)

백은 1로 올라서고 흑2로 지킬 때
백3으로 진출하는 것이 폭넓은 발
상이다. 흑은 모양이 위축되어 불
만이다.

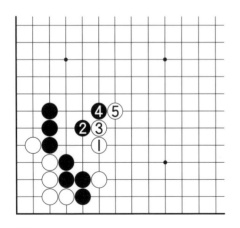

3도

### 3도 (힘차게 밀어붙임)

1도 다음 백1로 뛰고 흑2에 백3,
5로 밀어붙이며 힘차게 중앙을 운
영하는 방법도 그럴듯하다.

　아무튼 2도와 3도의 흐름이 되
면 백이 우위를 점할 수 있다.

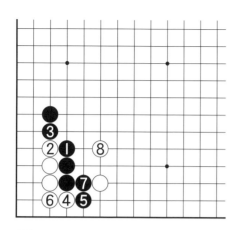

4도

### 4도 (자연스런 흐름)

거슬러 올라가 1도 백2 때 흑1로 느는 것이 정수이다. 백2로 밀어 갈 텐데 이제부터 흑3으로 막은 이후의 변화를 알아본다.

백은 4, 6의 젖혀이음을 선수해 살고 나서 8로 뛰어 흑세를 견제하는 것이 자연스럽다.

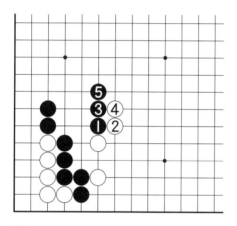

5도

### 5도 (나약한 태도)

이다음 흑도 1로 붙여야 모양을 잡을 수 있다.

백2, 4로 젖혀 밀어갈 때가 기로인데 흑5로 느는 것은 나약한 태도이다. 이러면 흑 모양을 키우기 어렵다.

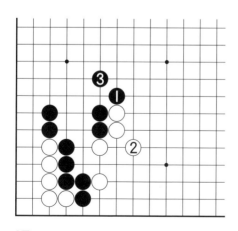

6도

### 6도 (두터운 모양)

앞 그림 백4 때 흑1의 젖힘이 힘찬 행마이다. 백2로 지킬 때 흑도 3으로 호구치며 두터운 모양이 형성된다.

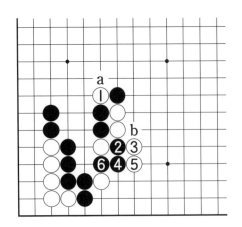

7도

### 7도 (맞보기)

흑이 젖힐 때 백1로 끊으면 흑도 2로 끊어 버틸 수 있다. 백3, 5로 몰면 흑6으로 한점을 잡아두는 것이 요령이다.

이러면 a와 b를 맞보기로 백이 열세에 처한다.

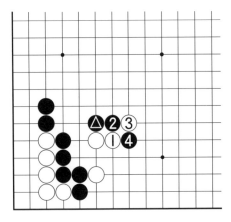

8도

### 8도 (미는 경우)

흑❤로 붙일 때 두터운 모양을 견제하려면 백1로 느는 편이 낫다.

이때 흑2로 밀면 백3의 젖힘을 허용한다. 흑4로 끊어 싸우고 싶지만~

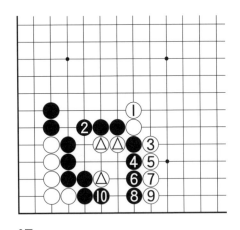

9도

### 9도 (백의 우세 확립)

백1로 뻗는 것이 요소이다. 흑은 중앙 어딘가를 지켜야 하는데 2로 늘면 백3으로 몰아서 10까지 필연이다.

백은 △들을 버림돌로 두텁게 선수 처리해서 우세를 확립했다.

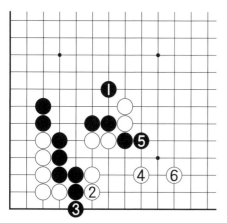

10도

## 10도 (하변 백을 살리며 싸움)

앞 그림 흑2 대신 1로 뛰는 것이 중앙 세를 의식한 효율적 지킴인데, 이번에는 백이 2를 활용한 후 4, 6으로 하변을 살리며 충분히 싸울 수 있다.

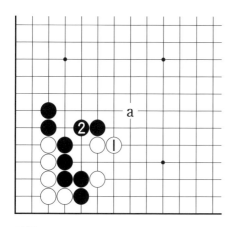

11도

## 11도 (좁은 시야)

거슬러 올라가 백1에 흑2로 늘어 얌전하게 정비하는 것은 좁은 시야이다.

　나중에 백이 a쪽으로 진출하면 흑진이 엷어지므로 이 모양에서는 흑도 a 자리가 시급해진다.

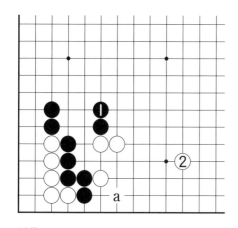

12도

## 12도 (효율적 지킴)

이런 모양에서는 흑1의 쌍립이 효율적인 지킴이다.

　백도 2로 넓게 벌리는 것이 현명하다. a쪽 뒷문이 열려 있는 만큼 좁게 벌려봐야 실속이 없기 때문이다. 여기까지 서로 어울린 정석이다.

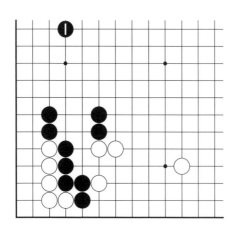

13도

### 13도 (높고 넓게 벌린다)

이후 흑이 좌변에서 폭을 넓힌다면 높고 넓게 벌리는 것이 두터움을 살리는 효율적인 착상인데 적어도 흑1 정도는 가야 한다.

백이 여기를 뛰어들면 어떻게 될지도 생각해보자.

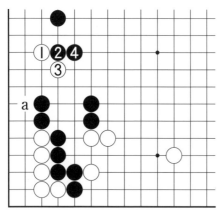

14도

### 14도 (두텁게 봉쇄)

백1로 낮게 침입하면 흑2, 4로 눌러가며 중앙에서 두텁게 봉쇄할 수 있다.

a쪽 경계가 귀에 선수로 듣고 있는 만큼 백이 안에서 살기도 어렵다.

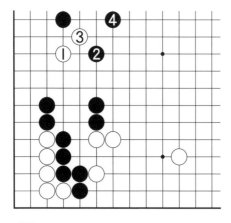

15도

### 15도 (공격하는 리듬)

백1로 높게 침입해도 흑2, 4로 공격하는 리듬이 좋다.

백이 탈출이야 가능하겠지만 흑이 공격하는 틈에 실속과 두터움을 새로 만들어 가면 백의 침입은 백해무익하다.

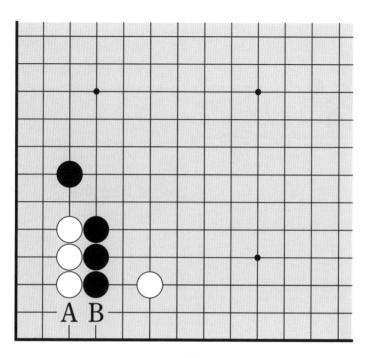

기본형

눈목자받음의 정석 과정에서 흑은 변에서 막지 않고 귀에서 A나 B로 먼저 추궁하는 수가 능동적 발상인데 이런 모양에서 사용빈도가 높다.

귀에서 백의 선수 젖혀이음을 미연에 차단하며 두겠다는 뜻인데, 이후의 변화에 대해 알아본다.

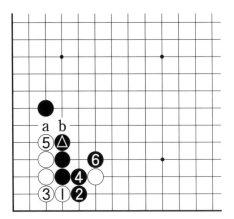

1도

### 1도 (흑의 변신)

본론에 들어가기 전에, 흑▲에 늘 때 백1, 3의 젖혀이음을 먼저 두고 5에 밀면 어떻게 될까.

흑은 a에 막지 않고 6의 두터운 곳을 젖혀 변신할 수 있다. 백b로 약점을 추궁해도 흑은 a로 끊고 충분히 싸울 수 있다.

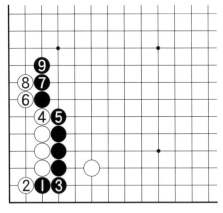

2도

### 2도 (흑의 후수)

본론으로 들어가서 흑1, 3으로 젖혀 이으면 백4는 당연한 나감이고 흑5도 견실한 막음이다.

백6으로 젖힐 때 흑7, 9로 늘어가는 것은 부분적으로 두텁지만 후수가 되어 불만이다.

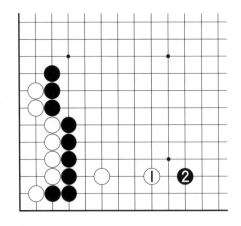

3도

### 3도 (두칸벌림은 좁다)

이다음 백은 먼저 하변을 처리할 수 있는데, 백1의 두칸벌림은 흑2로 다가서면 폭이 좁은 백이 답답하다.

자칫 공격을 받으면 좌측 흑의 세력이 빛을 보게 된다.

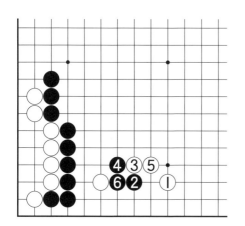

4도

## 4도 (유연한 세칸벌림)

따라서 백1의 세칸벌림이 보다 유연한 발상이다. 흑2로 침입하면 백3에 붙인 후 6까지 백은 한점을 버리고 선수를 잡아서 좋다.

흑은 한점을 잡아봐야 세력에 비해 큰집이 되지 않는다.

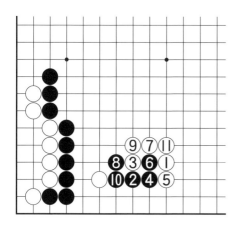

5도

## 5도 (높은 벌림의 경우)

백1로 높게 벌려도 좋다. 어쨌든 세칸이면 무난하다.

만일 흑2로 침입하면 백3에 붙이고 나서 흑4에는 백5로 막은 후 11까지 역시 한점을 버리고 두면 된다. 이번에는 백이 후수이지만 그만큼 바깥이 두터워졌다.

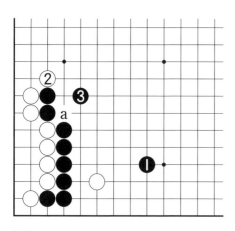

6도

## 6도 (흑, 불만)

2도 백8 때 흑1로 하변을 먼저 협공하면 백2의 두점머리 젖힘이 기분 좋다. 흑3이 정비하는 요령인데 후수가 되어 약간 불만이다.

백은 선수로 완전한 실리를 얻은 것이 자랑이다. 상황에 따라 백2로 a에 끊고 싸워도 흑이 부담일 것이다.

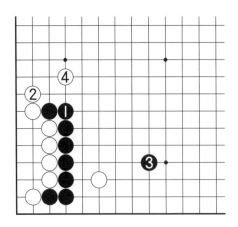

7도

### 7도 (백, 만족)

2도 백6 때 흑1로 잇고 백2를 유도한 후 흑3에 협공하는 것도 리듬을 타는 행마이지만 두터움에 한계가 있다.

백이 4의 요소를 차지한 후 하변 한점의 움직이는 맛을 노리면 만족이다.

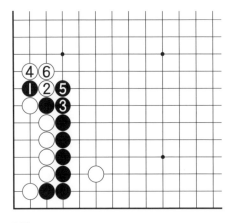

8도

### 8도 (이단젖힘)

여기는 흑1의 이단젖힘이 두터움을 더하는 수단이다. 백2, 4로 한점을 잡을 때 흑5를 선수해 등을 두텁게 할 수 있다.

다음 흑은 하변의 백 한점을 협공하는 것이 보통인데~

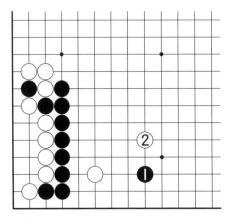

9도

### 9도 (위에서 삭감)

흑1로 낮게 협공하는 것은 백2로 위에서 삭감하면 흑 세력의 위력이 반감되므로 흑이 바람직하지 않다.

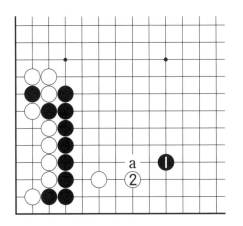

10도

## 10도 (거리가 멀다)

그래서 높게 협공하는 것이 세력을 살리는 길이지만, 흑1로 거리가 멀면 백은 안에서 2나 a로 모양을 잡고 싸울 수 있다.

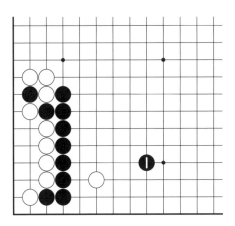

11도

## 11도 (안정적 협공)

결론적으로 흑은 1로 두칸 높게 협공하는 것이 안정적이다.

그건 그렇고 변에서 한점을 잡은 백의 실리도 무시 못 하는데 다만 약점이 있다.

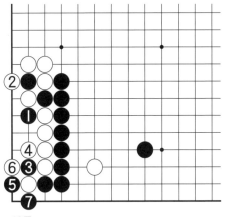

12도

## 12도 (돌려치는 패)

즉 흑1을 활용한 후 3으로 끊는 수단이 남아있다.

백4에 흑5, 7이 교묘한 돌려침으로 패가 발생한다.

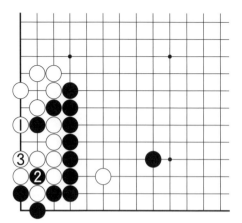
13도

### 13도 (백의 부담)

결국 이 패는 백이 부담이므로 1, 3으로 물러설 공산이 크다.

어쨌든 이런 패가 남아있기에 실리에 취약한 흑도 충분히 둘 수 있는 정석이다.

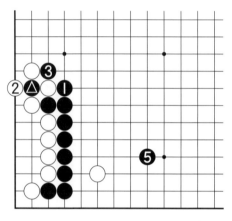
14도  ④‥▲

### 14도 (기분 좋은 활용)

귀의 약점을 남기지 않으려고 흑1에 백2로 따내면 흑3의 활용이 기분 좋다.

백4에 이으면 흑5로 협공할 때 흑의 세력이 더욱 빛을 발한다.

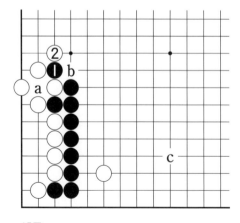
15도

### 15도 (백의 반발)

흑1로 단수칠 때 백이 활용당하기 싫으면 2로 반발할 수 있다.

그러면 a의 패가 초점이 되는데, 만일 흑이 패에 져서 b로 이으면 이번에는 백이 c쪽에 먼저 벌리게 되어 하변의 열세를 만회할 수 있다. 물론 흑도 등이 더욱 두터워지므로 견딜 수 있다.

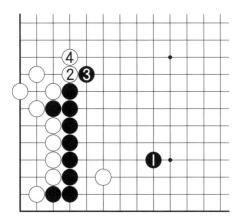

16도

## 16도 (먼저 협공)

좌변에서 백의 반발이 염려된다면 14도 백2 때 흑1로 먼저 협공하는 것도 일책이다.

백2의 호구가 요소이지만 흑은 3의 젖힘을 선수해두면서 판을 이끌어갈 수 있다.

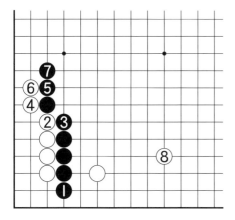

17도

## 17도 (내려서는 경우)

처음으로 돌아가서, 흑1로 내려서는 수도 유연한 취향이다. 그러면 백2, 4에 흑의 이단젖힘은 귀에 맛이 없는 만큼 손해가 된다.

이번에는 흑5, 7로 늘어가는 것이 무난하다. 이때 백8로 벌리면 백이 양쪽을 두어 기분 좋은 것 같지만 오판이다.

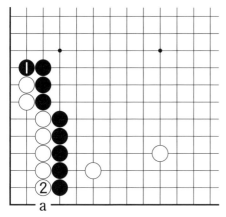

18도

## 18도 (선수 막음)

이다음 흑1로 막으면 귀의 사활상 백2로 보강해야 한다.

흑이 a의 활용까지 남은 만큼 상당히 두터운 모습이다.

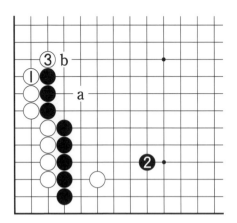

19도

### 19도 (어울린 흐름)

따라서 17도 흑7에 백1로 한번 더 밀어야 한다. 이때 흑이 따라 늘면 후수이므로 2로 먼저 협공하는 것이 좋고 백3의 젖힘도 요소이다.

다음 흑은 상황에 따라 a나 b로 모양을 갖추는데 이 흐름이면 서로 어울렸다.

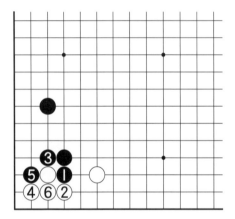

20도

### 20도 (선수를 잡는 선택)

애초 흑1로 차단할 때 백2의 젖힘은 귀에서 간단히 살려는 뜻이 있다. 이때 흑은 선택의 기로에 놓이는데 3, 5로 돌려친 후 선수를 잡고 두는 방법도 있다.

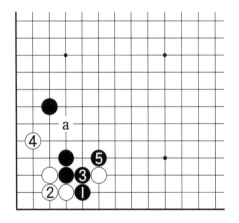

21도

### 21도 (두터운 선택)

흑1, 3으로 하변을 차단하면 백은 4로 알기 쉽게 살아두려는 뜻이 강하다.

흑은 5의 젖힘이 부분적으로 두터운 수단이다. 백은 나중에 a로 가르는 맛을 노릴 것이다.

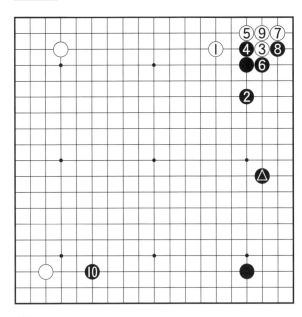

실전 1

**실전 1**

한때 유행했던 중국식
포석에서 백1로 화점에
걸치면 흑2의 한칸받음
이 ▲와 어울리는 조합
이다. 백3의 3三침입에
대해 흑이 9까지 처리
하면 간명하다. 부분적
으로 실리는 허용해도
흑이 선수를 잡기 위함
인데 10으로 향하며 발
빠른 포석을 구사했다.

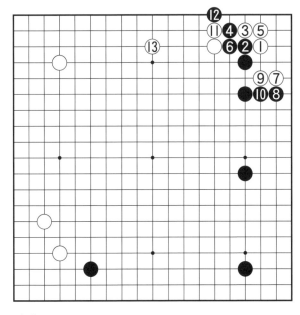

실전 2

**실전 2**

이번에는 높은 중국식에
서 백1로 3三에 침입했
다. 흑2, 4로 차단하면
싸움을 피할 수 없다. 이
하 13까지 정석의 한 갈
래이다.

수순 중 흑12로 젖히
면 귀의 백이 살아있으
므로 13으로 전환할 수
있다.

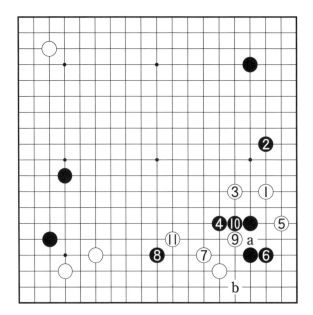

실전 3

### 실전 3

화점 한칸받음에 백1로 다가섰다. 흑2로 협공하고 백3, 5에 흑6의 쌍점 지킴이 이색적인데 백7에 흑8로 협공하려는 뜻이다. 백9, 11로 나오며 본격 싸움이다.

수순 중 흑6의 의미는 차후 백a로 끊더라도 귀에서 흑b로 사는 데 어울리기 때문이다.

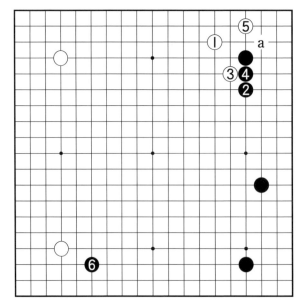

실전 4

### 실전 4

변형 중국식에서 백1로 걸치고 흑2의 한칸받음에 백3으로 들여다봤다. 흑4의 이음이면 백의 활용이라는 뜻인데 흑도 간명을 위한 견실한 선택이다. 이런 경우 백5에 흑은 a로 받지 않고 손을 빼는 것이 효율적 발상인데 하변 6의 걸침으로 향했다.

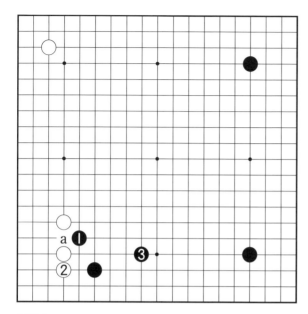

실전 5

## 실전 5

이번에는 백의 한칸받음에 흑1로 들여다봤고 백은 2로 귀를 지켰다. 흑3의 벌림은 간명한 선택으로 차후 a의 엷음을 노리겠다는 유연한 발상이다.

　흑은 중앙 축이 유리하므로 백2 때 직접 a로 끊어 충분히 싸울 수도 있었다.

실전 6

## 실전 6

이번에는 흑1의 걸침에 백2의 눈목자받음 정석이다.

　흑3의 3三침입 이하 7 때 백8로 귀를 엿보면 흑9 이하 15까지는 필연이다. 백16의 협공은 적절한 타이밍이며 하변 20까지는 서로 기세의 충돌이다.

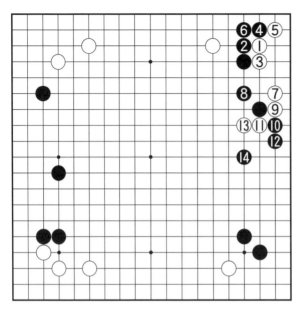

실전 7

## 실전 7

우상귀 눈목자받음 정석에서 백1, 3에 흑4, 6의 젖혀이음은 서두른 감이 있지만 상대가 미리 젖히지 못하게 예방한 뜻도 있다.

백은 7, 9로 밀어 선수를 잡으려 하는데 흑10의 막음은 강수이며 백11로 끊어 14까지 중앙 싸움으로 치닫는다.

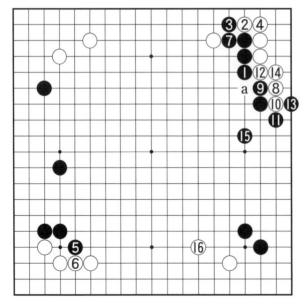

참고도

## 참고도 (AI 추천)

실전 백3 때 AI는 차분히 흑1로 늘어두라고 조언한다. 백도 2, 4로 젖혀 잇고 8의 날일자 행마를 추천한다.

이후 우상귀는 15까지 일단락이다. 흑15는 a의 단점이 남지만 우하귀 진영과 연동한 효율적 지킴이다. 백16의 날일자도 우변 세력을 견제한 행마이다.

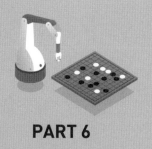

PART 6

# AI 주특기
# 양걸침 정석

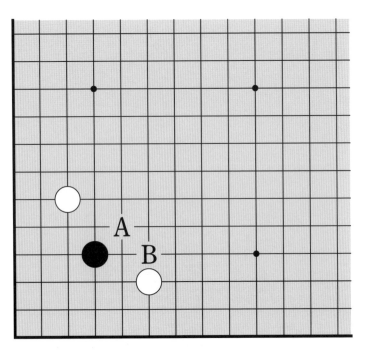

기본형

　　화점에서 백이 양걸침한 장면이다. AI시대에는 화점에
걸쳐도 손을 빼는 경우가 많아 이런 모양이 수시로 등장한
다. 예전에는 양걸침을 당하지 말라는 격언까지 있었지만
이제는 상황에 따라 대처하는 수들이 개발되어 사용빈도가
높다. 흑의 대응은 A의 마늘모와 B의 붙임이 있지만 A는
특별한 경우에 한정하며 B가 상용된다. 우선 이전에 많이
사용했던 변화에 대해 진단해본다.

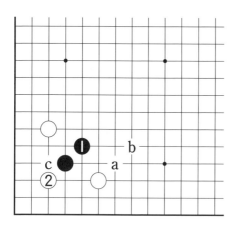

1도

## 1도 (손을 빼기 위한 마늘모)

흑1의 마늘모 행마는 가볍게 두려는 발상인데 백2의 3三침입은 놓칠 수 없는 요소이다.

　이때 흑은 이곳에서 손을 빼려는 뜻이 강하다. 그렇지 않고 예전처럼 흑a나 b로 계속 진행한다면 백c로 넘어가서 흑이 허술하다.

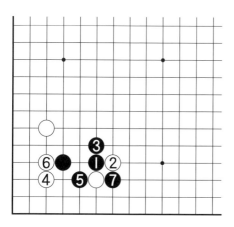

2도

## 2도 (흑, 두텁게 수습)

AI시대에는 흑1의 붙임이 대세이다. 백2, 4의 3三침입은 상용수단이지만 흑5, 7로 하변을 제압하면 두텁게 수습해서 충분하다고 AI는 진단한다.

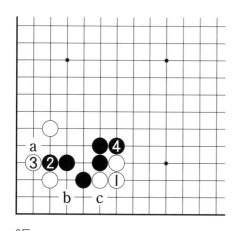

3도

## 3도 (흑, 두터운 진행)

앞 그림 흑5 때 백1로 잇고 흑2에 백3의 젖힘은 노림이 있다. 이때 흑a로 막으면 백이 귀와 변을 연결해서 실리가 크다.

　흑은 b나 c가 언제든 귀에 선수 활용이 되므로 중앙에서 4로 꼬부려 두텁게 두면 편한 진행이다.

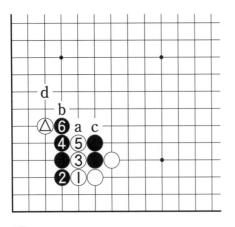

4도

## 4도 (흑, 만족)

2도 흑3 때 백1로 들어가면 흑2로 막는 것은 일단 당연하다. 이때 백3으로 나와 끊으려 하면 흑4, 6으로 늦추며 백△를 제압해서 흑의 만족이다.

다음 백a면 흑b이고, 백c로 두 점을 잡으면 흑d로 단속하는 것이 요령이다.

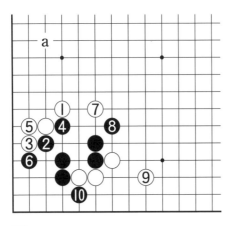

5도

## 5도 (예전 정석)

앞 그림 흑2 때 백1의 마늘모는 상용수단인데 흑2로 지킨 후 10까지는 예전에 흔히 두던 정석 진행이다. 수순 중 흑10은 귀의 뒷맛을 없애기 위함이다. 다음 백이 좌변을 보강한다면 a의 벌림이 적당한데, 어쨌거나 현재 AI의 눈으로는 백이 활발하다고 판단한다.

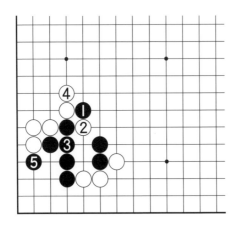

6도

## 6도 (성급한 수순)

앞 그림 백5 때 AI는 흑1로 젖혀 중앙 쪽을 강화하는 것이 좋다고 한다.

다음 백2로 단수치고 4로 느는 것은 성급한 수순이다. 그러면 흑5의 막음 한수로 귀가 방비된다.

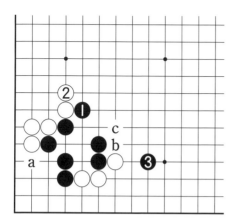

7도

## 7도 (공격 흐름)

따라서 흑1에 백2로 그냥 늘어야 한다. 흑은 a로 막아봐야 뒷맛이 있으니 귀를 포기하고 3으로 하변을 공격하는 흐름이 된다. 다음 백 b면 흑c의 젖힘이 제격이다.

이런 식으로 두면 흑이 국면을 주도하는 흐름이다.

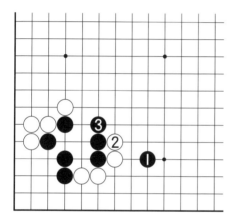

8도

## 8도 (유연한 공격)

5도 백5 때 흑1로 먼저 협공하고 백2에 흑3으로 늘어 유연하게 공격하는 것도 일책이다.

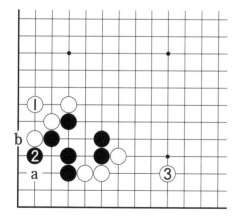

9도

## 9도 (백의 일책)

5도 흑4 때 백도 1의 양호구 행마가 일책이다. 이처럼 탄력적으로 모양을 갖춰 놓고 흑2로 막으면 백3의 벌림으로 향한다. 이 모양이라면 흑도 귀의 가일수는 급하지 않다. 백a에 붙이더라도 흑b의 단수가 있기 때문이다.

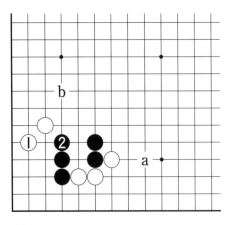

10도

## 10도 (2선 마늘모의 경우)

거슬러 올라가 4도 흑2 때 백1의 2선 마늘모로 귀를 엿보는 수도 예전에 많이 두었다.

흑은 2의 쌍립 행마가 일단 간명하다. 이처럼 두텁게 지키고 나서 a와 b의 양쪽 백에 대한 협공을 맞보는 식으로 두면 국면을 주도할 수 있다.

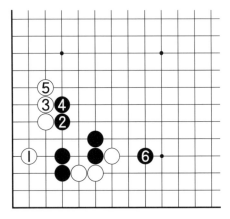

11도

## 11도 (날일자달림의 경우)

만일 백1의 날일자로 귀에 달리면 흑2, 4로 눌러 등이 더욱 두터워진다.

이를 배경으로 흑6으로 협공하면 흑이 확실한 주도권을 잡는다.

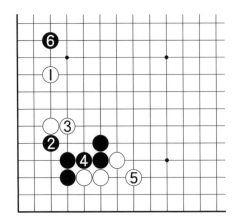

12도

## 12도 (두칸벌림)

아예 백은 귀를 엿보지 않고 1의 두칸벌림도 생각할 수 있다.

흑은 2, 4로 귀를 방어하고 백5로 지킬 때 흑6으로 협공하는 흐름이 된다. 상황에 따라 서로 이렇게 싸울 수 있다.

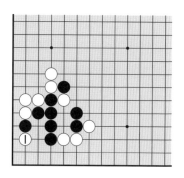

### ▦ 장면

이 장면에서 백1로 껴붙이면 흑이 어떻게 대처할지 생각해보자.

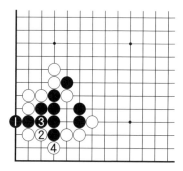

### 1도 (백이 넘어간다)

흑1의 차단은 당연한데 백2에 흑3으로 이으면 백4로 넘어가서 흑이 당했다.

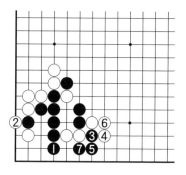

### 2도 (귀의 손실)

흑1로 하변의 연결통로를 차단하면 백2에 흑3으로 끊어 7까지 두점을 잡을 수 있지만 귀의 손실에는 미치지 못한다.

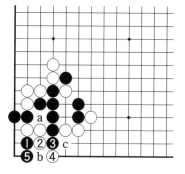

### 3도 (껴붙이는 맥)

1도 백2 때 흑1의 껴붙임이 교묘한 방어이다. 그러면 백이 당장 a로 끊을 수 없다. 백2에는 흑3으로 막고 백4의 젖힘에는 흑5로 끈질기게 추격할 수 있다. 백b로 이으면 흑c로 나갈 때 백a로 끊을 수 없으니 이제 귀의 백은 살릴 수 없다.

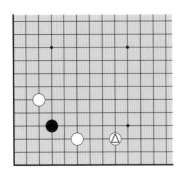

### ▦ 장면

이 장면도 화점 양걸침이지만 백△가 추가돼있다. 이런 경우 흑의 대처법은 무엇인지 생각해보자.

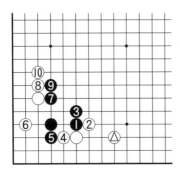

### 1도 (흑의 실속이 없다)

보통대로 흑1, 3으로 붙여 뻗으면 이번에는 백4 다음 6의 날일자달림이 효력을 발휘한다. 흑7, 9로 두텁게 지키더라도 이미 백△의 벌림이 돼있으므로 흑은 공격대상을 잃어 실속이 없다.

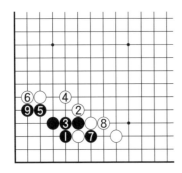

### 2도 (적절한 임기응변)

이런 상황에서는 앞 그림 백2 때 흑1의 호구가 적절한 임기응변이다. 백2, 4로 봉쇄하면 흑5의 붙임을 활용한 후 9까지 최대한의 실리로 대항할 수 있다.

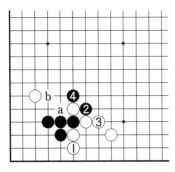

### 3도 (백이 내려서는 경우)

앞 그림 흑3 때 백1로 내려서면 흑2, 4로 한점을 제압한다.

이다음 축이 좋다고 백a로 나갈 수는 없다. 흑b의 장문으로 조이면 좌변 백 한점이 타격을 입어 백의 손해이다.

# 30형 · 화점 양걸침 – 능동적인 밀어올림

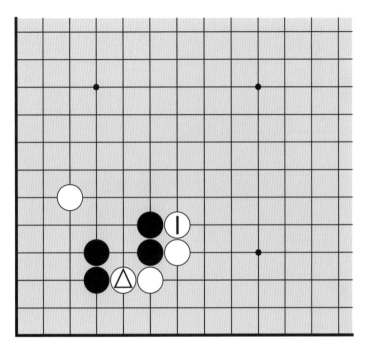

기본형

　양걸침 정석 과정에서 백이 △로 들어간 후 1로 밀어올리는 것은 하변을 강화하면서 좌변도 처리하려는 능동적인 구상이다.

　흑도 힘에서 밀리면 백의 주문대로 흘러가므로 균형과 효율적인 사고가 필요한데, 이후의 변화에 대해 알아본다.

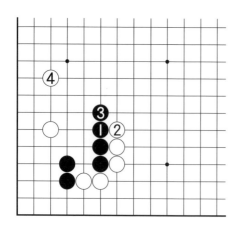

1도

### 1도 (백, 만족)

흑1로 그냥 느는 것은 단순한 사고이다. 백은 내친김에 2로 한번 더 밀고 4로 벌리며 양쪽을 처리해서 만족이다.

흑은 일렬로 중복되어 능률이 떨어지는 모양이다.

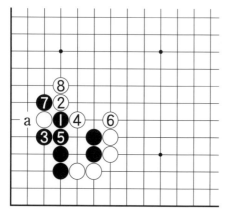

2도

### 2도 (흑의 간명책)

흑이 간명하게 두자면 1, 3의 호구 행마가 일책이다. 백4, 6으로 봉쇄하는 것이 두텁지만 흑7로 한 점을 잡고 실리로 버티겠다는 생각이다.

백은 8 다음 a의 활용도 있는 만큼 충분한 두터움을 얻었으므로 불만 없다.

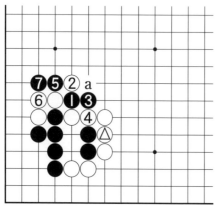

3도

### 3도 (축 관계)

축이 유리하다면 흑은 앞 그림 흑 7 대신 1로 끊을 수 있다. 그러면 백2, 4로 몰 때 흑5, 7로 좌변 석 점을 잡으러갈 수 있다.

백은 a의 축이 불리하다면 열세에 놓인다. 따라서 애초 백△로 밀어올릴 때는 축 관계를 보는 것이 현명하다.

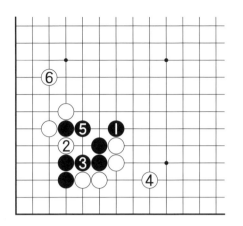

4도

### 4도 (양쪽 벌림)

2도 백2 때 흑1의 젖힘은 중앙으로 머리를 내미는 상용수단이다.

　백은 2, 4로 하변을 지킨 후 흑5에 백6으로 좌변도 벌리며 양쪽을 처리해 충분하다.

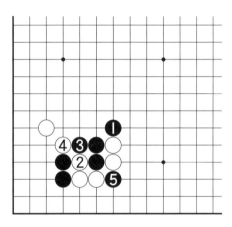

5도

### 5도 (끊으면 끊는다)

처음으로 돌아가서, 흑은 축이 유리하면 1의 젖힘부터 둘 수도 있다. 백2, 4로 끊는 것이 겁나지만 흑도 5의 끊음을 준비한다.

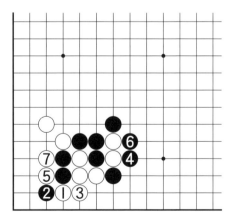

6도

### 6도 (바꿔치기)

이다음 백1, 3으로 젖혀이을 때 흑4로 두점을 축으로 잡는다.

　이하 7까지 바꿔치기가 일어나는데, 귀를 장악한 백의 실리도 크지만 선수로 거북등따냄을 한 흑의 두터움도 위풍당당하다. 수순 중 백7을 생략하면~

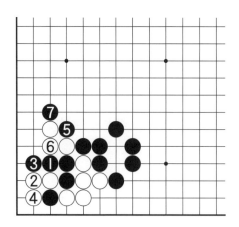

7도

### 7도 (좌변 봉쇄)

흑1, 3으로 나와서 선수한 후 5,
7로 백을 몰아붙이면 좌변까지 흑
의 세력권으로 봉쇄할 수 있다.

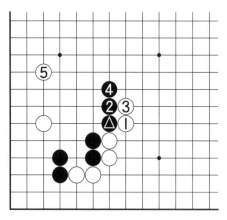

8도

### 8도 (중앙 밀어가는 변화)

흑❷ 때 중앙 세력을 허용하기 싫
으면 백은 1, 3으로 밀어간 후 5
의 벌림으로 좌변까지 일단 처리
할 수 있다.

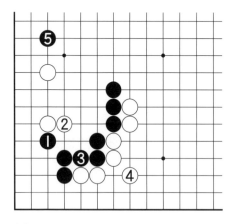

9도

### 9도 (좌변 싸움)

이다음 흑1, 3으로 귀를 지킨 후
5로 협공하는 흐름이 된다.

　이제부터는 좌변 싸움이 초점인
데, 백도 하변이 강화되었으므로
불만 없다.

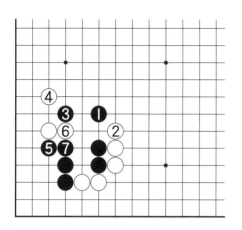

10도

## 10도 (가볍고 유연한 뜀)

처음으로 돌아가서, 흑1의 뜀은 지금까지 두지 않았던 수인데 가볍고 유연한 행마로 AI의 추천목록에 들어있다. 백2로 추궁하면 흑3의 어깨짚는 수가 준비되어 있다. 백4로 가볍게 뛰면 흑은 5, 7로 우직하지만 귀도 지키면서 중앙과 연결해서 둘 수 있다.

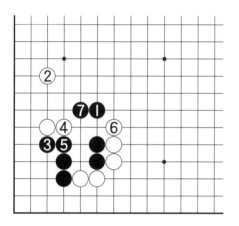

11도

## 11도 (견실한 지킴)

흑1에 백2로 그냥 벌리면 흑3, 5로 연결하며 귀를 지키는 것이 견실하며 앞 그림과 같은 맥락이다.

백6에는 흑7로 단단히 연결하며 좌변 백진의 엷음을 노리면 흑이 둘만한 흐름이다.

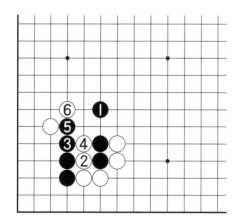

12도

## 12도 (감아올림)

흑1에 백2로 뚫으면 흑3으로 늦춘다.

백이 계속 나가는 것은 손해이지만 여기서 4, 6으로 감아올리는 방법은 생각할 수 있다.

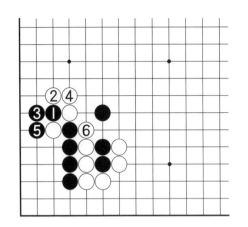

13도

### 13도 (봉쇄)

이때 흑1로 끊는 것은 백2, 4를 선수한 후 6으로 막으면 중앙이 봉쇄되어 백의 만족이다.

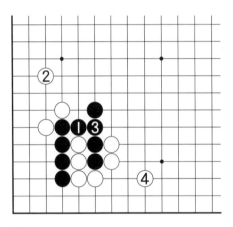

14도

### 14도 (어울린 변화)

따라서 12도 다음 흑1로 나가는 것이 올바르다.

그러면 4까지 흑은 우직하게 연결하고 백은 양쪽을 벌리는 흐름이 되는데, 서로 어울린 변화이다.

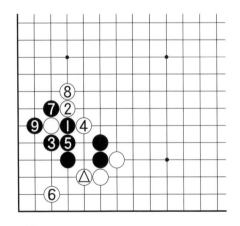

15도

### 15도 (흑의 일책)

흑이 단순한 변화를 원한다면 백 △로 들어올 때부터 흑1의 붙임도 일책이다.

백2, 4의 활용 후 6으로 귀에 파고들고 흑7, 9로 한점을 따내는 흐름인데 흑이 상황에 따라 둘 수 있는 변화이다.

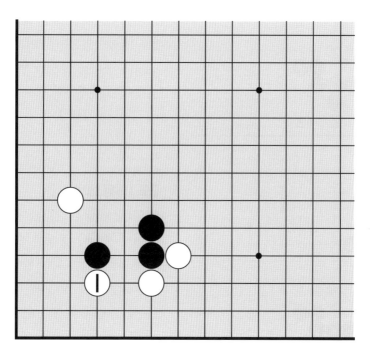

기본형

이번에는 백1로 귀의 화점에 붙이는 변화이다. AI시대 최근에 가장 많이 두는 수단인데 어디까지나 백은 좌우 양쪽을 효율적으로 처리하려는 의도가 강하다.

흑도 상황에 따라 귀나 변의 선택이 가능한데 이후의 변화에 대해 알아본다.

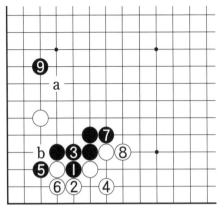

1도

### 1도 (끼워이음)

우선 흑1, 3으로 끼워잇는 선택은 찬성할 수 없다.

이하 8까지는 상용 수순이고 흑9로 협공하겠다는 뜻이지만, 백은 하변에 두터운 모양을 얻었고 a의 움직이는 맛과 b의 끊음도 남아있어 흑이 불리하다.

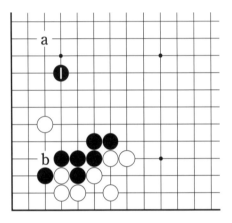

2도

### 2도 (대동소이)

앞 그림의 9 대신 흑1의 높은 협공이면 중앙을 통제할 수 있지만, 이번에는 백a의 다가섬이 남았고 b의 끊는 맛도 여전해 흑의 불만은 앞 그림과 대동소이하다.

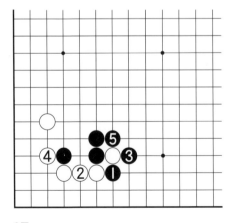

3도

### 3도 (흑의 하변 운영)

처음으로 돌아가서, 흑이 하변을 운영하고 싶다면 1로 끊고 3으로 한점을 잡는다. 물론 이 축은 흑이 유리해야 한다.

백은 4까지 귀를 제압하고 흑은 5로 따내야 완전하다. 백의 실리가 크지만 흑도 두터워 충분하다.

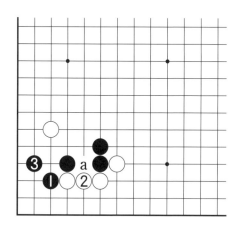

4도

## 4도 (호구 지킴)

흑은 1로 귀에서 받는 것이 가장 보편적이다.

백2에 흑3의 호구는 귀를 안전하게 지킬 때 사용하지만 대신 a에 약점이 남아 엷다.

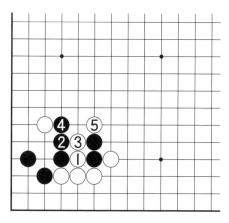

5도

## 5도 (백의 중앙 도모)

당장 백이 중앙을 도모하고 싶다면 1로 나가 5까지 두점을 제압할 수 있다.

흑도 좌변 실리가 늘어나지만 백의 두터움이 국면을 압도하는 상황이라면 이런 도발에 흑도 조심해야 한다.

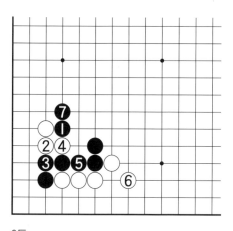

6도

## 6도 (백, 난처)

4도 백2 때 흑1의 붙임은 좌변에서 안정하려는 수단이다.

이때 백2, 4로 타고 가며 약점을 찔러도 흑5에 백6으로 지켜야 하는데 흑7로 늘면 좌변 백이 움직이기 난처하다.

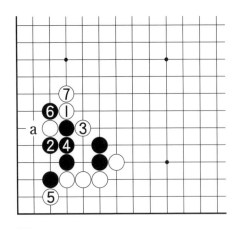

7도

## 7도 (맞대응)

백도 좌변에서 맞대응하자면 1로 젖히는 것이 보통인데 이하 7까지의 수순을 기억해둔다.

어쨌든 흑은 한점을 잡고 안정해서 불만 없다. 이다음 백a로 나와 활용하는 맛이 있으니 흑은 후수라도 일치감치 한점을 따내야 모양에 탄력이 붙는다.

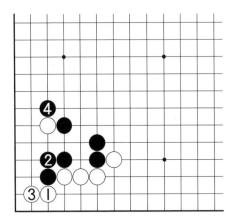

8도

## 8도 (백, 불만)

백도 맞대응하지 말고 귀의 약점을 공략하는 것이 가장 무난하다.

다만 백1, 3으로 바로 귀에 파고들어 실리를 취하면 흑이 4로 한점을 깨끗하게 제압해서 백의 불만이다.

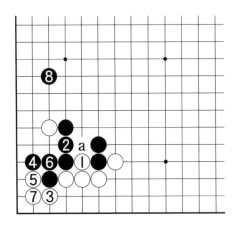

9도

## 9도 (타협)

따라서 백이 귀쪽을 두자면 1로 찔러놓고 흑2로 물러서야 할 때 a의 단점을 남긴 다음 백3으로 젖히는 것이 요령이다.

그러면 8까지 서로 변에 안정해서 타협한다. AI시대 많이 등장하는 정석이다.

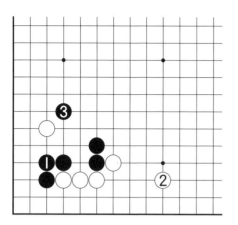

10도

## 10도 (어깨짚음)

거슬러 올라가, 흑이 귀를 기반으로 싸우겠다면 1로 꽉 이음이 단단하며 AI시대 가장 많이 등장한다. 백이 2로 벌려 하변부터 지키면 흑3의 어깨짚음이 수비도 겸하면서 백을 은근히 압박하는 효과가 있어 흑이 활발하다.

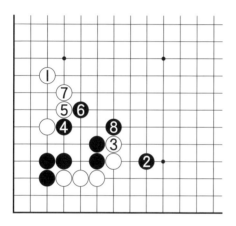

11도

## 11도 (두칸벌림)

백도 좌변부터 움직여야 싸움이 된다. 백1의 두칸벌림은 좌변 방면의 백세가 약할 경우 주로 사용한다. 우선 흑은 2로 협공한 후 백3에 흑4, 6의 젖힘이 리듬을 타는 행마인데 백7에 늘면 흑8의 젖힘이 모양의 요소로 백을 추격하면서 국면을 주도하겠다는 뜻이다.

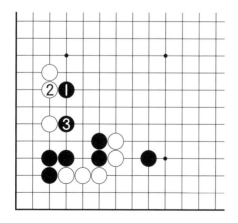

12도

## 12도 (백, 위험)

앞 그림 백3 때 흑은 1, 3으로 위에서 눌러가는 것도 유연한 방법이다. 백도 좌변은 약세이지만 하변에서 강하게 싸울 수 있다.

11도와 12도는 상황에 따른 싸움의 선택으로 일장일단이 있다.

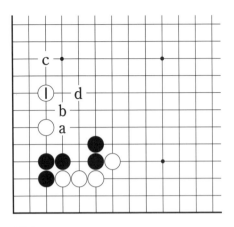

13도

### 13도 (한칸벌림)

백1의 한칸벌림은 좌변 방면의 백 세가 강할 경우 주로 사용하는데, 흑a로 붙일 때 백b의 호구치는 자 세가 좋다는 뜻이다. 또 흑c의 공 격은 백d로 지킨 후 공격한 흑이 오히려 곤마가 될 위험도 있다.

그런 위험을 피하려면 흑이 다 른 대처가 필요한데~

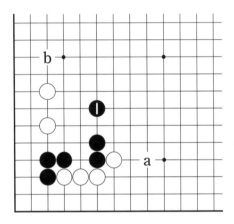

14도

### 14도 (무난한 뜀)

흑이 가장 무난하게 두자면 1로 뛴다. 강한 맛은 없어도 한칸뜀에 악수 없다는 격언대로이다.

이렇게 중앙에 기반을 마련한 후 흑은 a와 b의 협공을 노리며 싸우겠다는 뜻이다.

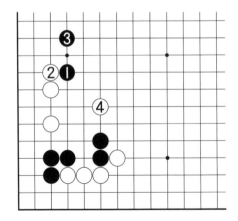

15도

### 15도 (어깨짚음)

13도 다음 흑1의 어깨짚음도 유연 한 대응이다.

백2에는 흑3으로 뛰어 좌변 백 세를 견제한다는 뜻이다. 그러면 백4로 진출하며 싸우는 흐름이 예 상된다.

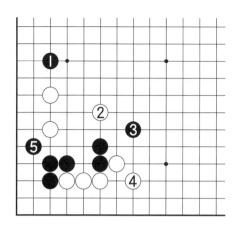

16도

## 16도 (좌변 흑세가 좋은 경우)

만일 좌변 방면에 흑세가 좋으면 흑1의 압박이 효과적이다.

백2로 진출하면 흑3을 선수해 중앙에 기반을 만든 후 5로 서로 간의 근거의 요소를 선점하며 흑이 싸움을 주도할 수 있다.

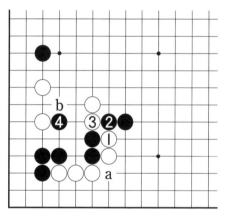

17도

## 17도 (무모한 끊음)

앞 그림 흑3 때 백1, 3의 끊음은 무모한 도발이다. 흑4로 지키면 a의 단점 때문에 백이 b로 막을 수 없으니 난감하다.

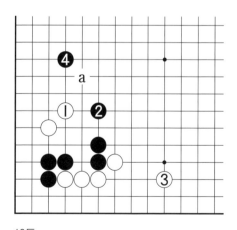

18도

## 18도 (마늘모 행마)

되돌아가서 백1의 마늘모 행마는 중앙 쪽에 힘을 실어서 효율적으로 싸우려는 발상이다. 흑이 간명하게 싸우자면 2로 뛴 후 양쪽 백을 노린다. 백3으로 하변부터 지킴이 보편적인데 흑4로 협공하는 흐름이 된다. 다음 백a로 비집고 나가면 이곳에서 본격 싸움이다.

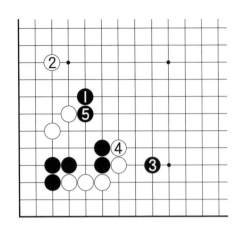

19도

## 19도 (어깨짚음과 타협책)

흑1로 어깨짚는 수는 좌우를 연동해서 획책하는 고급 발상으로 무서운 노림도 있다.

백이 간명하게 대응하려면 2로 비껴 받는다. 흑3으로 협공하고 백4에 흑5로 막으면 서로 타협하는 싸움이다.

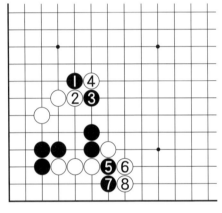

20도

## 20도 (본격 싸움)

흑1에 백2, 4로 나와끊으면 본격 싸움의 길로 들어선다.

하변 흑5의 끊음이 비수인데 백6, 8로 잡은 다음이 문제이다.

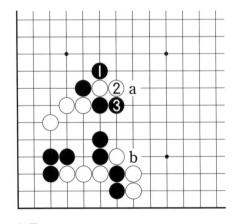

21도

## 21도 (맞보기)

이다음 흑의 축이 유리하면 1, 3으로 중앙 백을 몰아간다.

그러고 나서 보면 a의 축과 b의 단수를 흑이 맞볼 수 있으니 백이 제대로 노림에 걸려들었다.

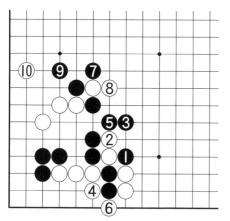

22도

## 22도 (효율적 행마)

따라서 백도 중앙으로 나와 끊을 때는 축이 유리해야 하며, 그런 경우 흑은 20도 다음 1로 끊어 5까지 조인 후 7, 9가 좌변을 압박하는 효율적인 행마이다. 백도 10으로 타개하며 싸움이 확산될 조짐이다.

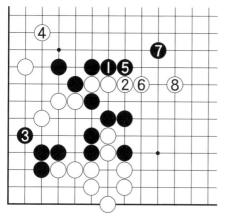

23도

## 23도 (중반 전투 영역)

이다음 싸움의 추이를 예측해보면 흑1로 중앙의 요소를 밀고 3으로 귀를 살아두는 것이 안전하다. 백4로 진출할 때 흑5로 밀고 8까지 중앙에서 경합하며 한치 앞을 내다볼 수 없는 싸움이 점입가경이다. 이후는 중반 전투 영역이며 완력이 승부를 결정한다.

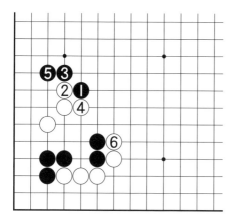

24도

## 24도 (반발하며 싸움)

흑1에 백2로 좌변부터 밀 수도 있는데 흑3의 젖힘은 기세이다.

다음 백4와 흑5는 서로 상대 의도대로 두지 않으려는 반발이다. 백6으로 밀어올리며 새로운 양상의 싸움이 실전에 많이 나왔다.

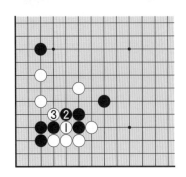

### ▦ 장면

이 장면에서 백1, 3으로 허리를 끊으면 흑이 어떻게 대처할지 생각해보자.

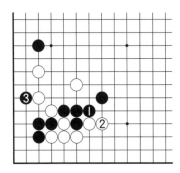

### 1도 (백, 위축)

흑1의 나감이 당연할 때 백2로 늘면 흑3으로 붙여 귀를 살리면서 좌변 백이 위축된다.

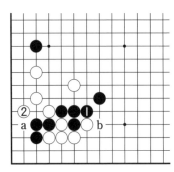

### 2도 (귀를 잡으러갈 때)

흑1로 밀 때 백2로 잡으러가는 편이 낫다. 이때 흑a로 막으면 백b로 늘고 귀는 살려주더라도 좌변 백이 앞 그림과는 달리 좋은 모양으로 싸울 수 있다.

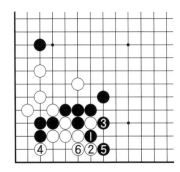

### 3도 (현명한 결단)

앞 그림 백2 때 흑1, 3으로 한점을 잡는 것이 현명한 결단이다.

　백4로 귀를 잡고 6까지 일단락인데 백의 실리보다 흑의 선수 두터움이 앞선다.

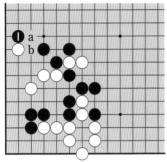

### ▦ 장면

이 장면에서 흑1로 붙여 좌변 백을 압박하면 백이 어떻게 대처할지 생각해보자.

참고로 백a, 흑b로 바꿔치기를 감행하는 것은 백의 손실이 크다.

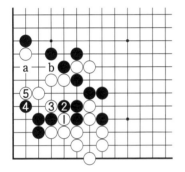

### 1도 (끊으면서 수상전 유도)

백1, 3으로 끊으면서 수상전으로 유도하는 것이 강수이다. 흑도 중앙이 약해진 만큼 좌변 백을 응징해야 하는데 흑4에 백5로 막고 나서 흑a의 공격은 백b의 활용으로 성립하지 않으므로~

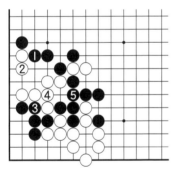

### 2도 (안형을 없애는 것이 후수)

흑이 후수로 귀를 살아봐야 중앙이 절대 불리하므로 1로 백의 수를 줄여가는데 흑3, 5는 후수이지만 백을 잡으려면 안형을 없애야 하므로 어쩔 수 없다.

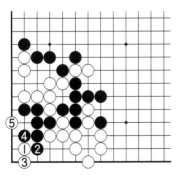

### 3도 (백승)

이제 백선으로 본격 수상전이 되었다. 백1, 3이 귀의 흑을 잡으면서 효율적으로 수를 줄이는 교묘한 맥이다. 흑4에는 백5로 치중해서 이 수상전은 백승이다.

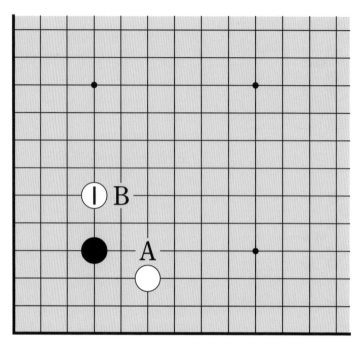

기본형

이번에는 화점 양걸침의 마지막 관문으로 한쪽을 백1로
높게 걸치는 수에 대해 알아본다.

흑의 대응은 보통 A나 B의 붙임으로부터 출발한다. 특
히 AI시대에는 B로 한칸걸침에 붙이면서 이전에 볼 수 없
던 진화된 변화가 다양하다.

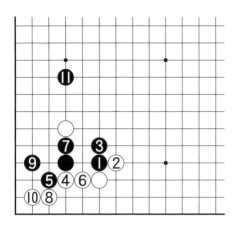

1도

### 1도 (협공하며 싸움)

흑이 단순하게 두자면 1의 한칸 붙임인데 백이 일반 양걸침처럼 2, 4로 귀에 붙이면 흑5, 7의 쌍립 연결이 탄력적이다.

이하 10까지 귀가 결정된다고 볼 때 흑은 실리를 허용해도 좌변이 강해져서 11로 협공하며 싸울 수 있다.

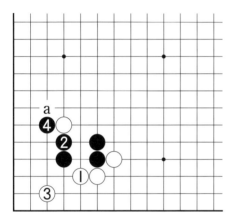

2도

### 2도 (활용하는 맛)

앞 그림 흑3 때 백은 1, 3으로 귀에 파고드는 것이 효율적이다. 이번에는 흑4로 한점을 제압해서 타협인데 예전에 많이 두던 정석이었다.

AI시대에는 흑의 두터움에 백a로 활용하는 맛이 남아 백의 실리에 비해 흑이 미흡하다고 본다.

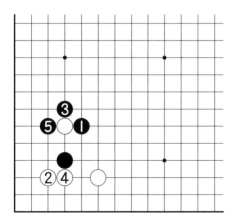

3도

### 3도 (흑, 두터움)

처음으로 돌아와서, AI시대에는 흑1의 날일자 붙임을 많이 둔다.

이때 백2로 당장 3三에 들어가서 5까지 각자의 길을 가게 되면 백의 실리보다 좌변을 맛좋게 제압한 흑의 두터움이 돋보인다.

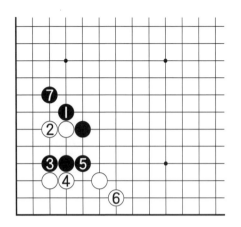

4도

### 4도 (흑, 만족)

흑1로 젖힐 때 백2로 늘고 흑3에 막는 것이 서로 능동적이다. 다음 백4, 6으로 귀를 지키면 흑이 7로 두점을 제압해서 만족이다.

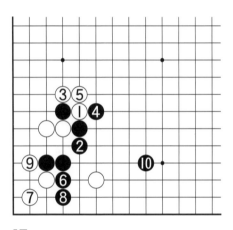

5도

### 5도 (타협)

앞 그림 흑3 때 백도 1로 끊고 흑 2에 백3, 5로 한점을 잡는 것이 낫다. 흑6에 막혀도 백7의 마늘모 가 좌우 연결을 엿보는 맥이다.

　이하 10까지 서로 진영을 나눠 갖고 타협하면 간명하다.

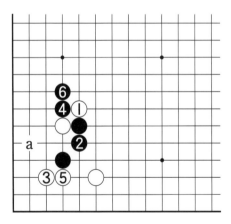

6도

### 6도 (흑의 부담)

되돌아가서 백1, 3의 수순대로 침 입하면 이상적이다. 이하 6까지 각자의 길을 걸으며 타협하는데 예전에 많이 두던 정석이었다. 정 교한 AI는 흑의 두터움이 3도에 비해 완전치 않다고 본다. 가령 백 a가 큰 자리로 노출돼있는 것도 흑의 부담이다.

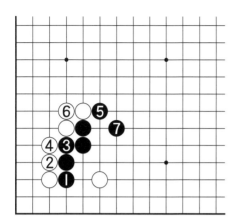

7도

### 7도 (흑의 실속이 없다)

앞 그림 백3 때 흑1로 하변과 차
단한 후 7까지 처리하는 것은 백
의 실리가 커서 흑의 실속이 없는
진행이다. 흑이 이렇게 둘 바에야
앞 그림이 낫다.

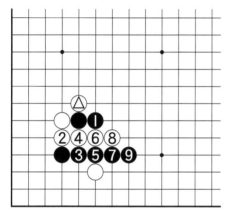

8도

### 8도 (흑, 만족)

AI시대에는 백△에 흑1로 느는
수가 각광을 받는다.

이때 백2 이하로 치받고 뚫고
나가는 것은 흑이 3으로 늦춘 후
상대가 하자는 대로 9까지 늘게
되면 하변 실리가 커서 흑의 만족
이다.

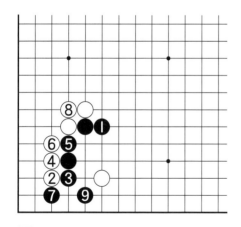

9도

### 9도 (탄력적 호구)

흑1에 일단 백은 2의 3三침입을
생각할 수 있다. 흑은 3, 5로 정비
한 후 7의 젖힘이 좋은 수순이다.

이때 백8에 이으면 흑9의 호구
가 귀와 변을 아우르는 탄력적인
행마로 흑이 실속과 두터움을 겸
비한다. 7도와 비교하면 그 차이
를 알 수 있다.

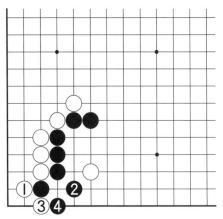

10도

### 10도 (패로 버팀)

앞 그림 흑7 때 백도 1의 젖힘이 자연스럽고 이때도 흑2로 호구치는 것이 탄력적이다. 백3에는 흑4의 패로 버티려는 뜻이다.

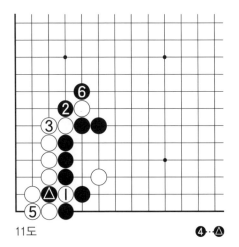

11도
**④‥△**

### 11도 (단수 팻감)

백1로 따내도 흑2의 단수 팻감이 있어 다음 흑4로 따내고 백5로 잇는 흐름이 된다.

이다음 흑6으로 한점을 축으로 잡을 수 있다면 하변도 백의 건넘을 축으로 방어한터라 흑이 둘만하다.

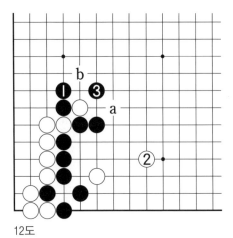

12도

### 12도 (백의 활용)

흑은 축이 불리하다고 해서 당장 1로 늘어가면 백2에 흑3의 장문으로 잡더라도 백a와 b의 활용으로 한껏 이용만 당한다.

이때는 흑도 1로 두지 않고 하변부터 통제하거나 이쪽에서 손을 빼고 두다 여건이 조성되면 축을 노리는 전략이 현명하다.

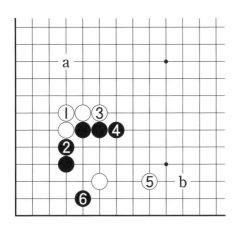

13도

## 13도 (느슨한 이음)

백은 축이 불리하면 달리 두는데 1의 이음은 약간 느슨하다. 흑은 2로 치받는 것이 힘찬 수단이다.

백3에 밀고 5로 벌리는 것이 그럴듯한데, 흑은 6으로 귀를 지킨 후 a와 b의 협공을 맞보기만 해도 충분하다.

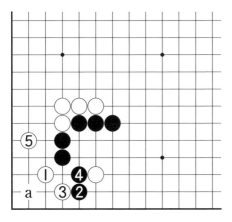

14도

## 14도 (하변 두터움)

앞 그림 흑4 때 백1의 3三침입은 귀의 실리를 기반으로 삼겠다는 뜻인데 흑2로 차단하고 백3, 5로 넘는 흐름이 예상된다.

타협하자면 이렇게 둘 수 있지만 a의 맛도 있고 하변이 두터운 흑이 불만 없다.

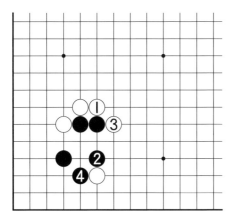

15도

## 15도 (백의 강수)

백이 강하게 두려면 1로 밀어올린다. 그러면 흑2의 붙임이 자연스럽고 백3으로 젖히면 흑4의 호구로 단단히 지키는 흐름이 된다.

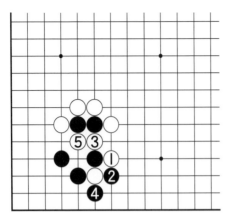

16도

## 16도 (두터움 활용이 관건)

이다음 백1로 젖혀 흑2에 백3, 5
로 중앙 두점을 잡는 것이 부분
기술이다.

이 결과는 백도 상당히 두텁지
만 AI는 흑이 선수로 실리를 크게
차지해서 둘만하다고 본다. 물론
중앙 두터움을 앞으로 어떻게 활
용하느냐가 승부의 관건이다.

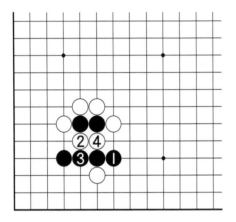

17도

## 17도 (백, 충분)

15도 백3 때 흑1로 변에 뻗으면
백2의 단수가 시의적절하다. 흑3
으로 하변 쪽을 이으면 백은 4로
두점을 따내 충분하다.

흑은 하변의 실리로 대항하려는
뜻이지만 귀와 변이 허술해서 불
충분하다.

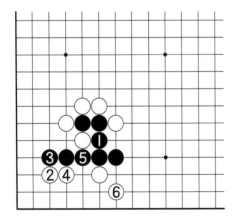

18도

## 18도 (백의 우세)

앞 그림 백2 때 흑1로 두점을 살
리면 백2의 3三침입이 기분 좋다.
이하 6까지 백이 귀의 실리를 차
지하면 단연 우세하다.

흑은 일렬로 중복된 모양이라
내세울 것이 없다.

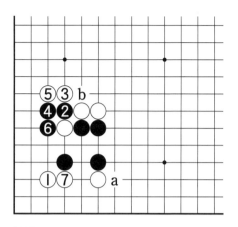

19도

## 19도 (흑의 리드)

15도 흑2 때 백이 16도와 같은 흑의 실리를 피하려면 1의 3三침입이 유력하다.

흑2의 끊음이 노련한 대응인데 백3, 5를 결정하면 흑6으로 한점을 잡고 나서 백7로 넘을 때 a와 b, 백의 약점을 노려 흑이 국면을 리드할 수 있다.

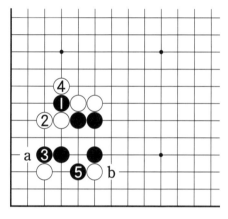

20도

## 20도 (어울린 결과)

흑1에는 백도 2로 늘고 흑3에 백4로 한점을 잡는 것이 좋은 수순이다.

흑이 5로 귀와 변을 맞좋게 방어했지만 백도 a나 b로 움직이는 맛이 있어 서로 어울린 결과이다.

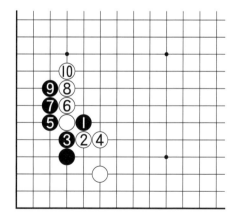

21도

## 21도 (백의 주문)

처음으로 돌아가서 흑1에 백2, 4의 도발은 축이 좋을 때의 과감한 시도이다.

이때 흑5 이하 9로 밀어가며 실리를 취하는 것은 알맞은 상황이 아니라면 백의 주문이나 다름없다. 물론 백의 세력이 돋보인다.

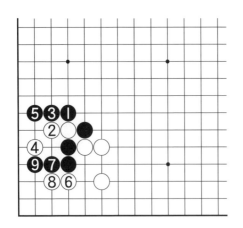

22도

### 22도 (흑, 충분)

앞 그림 백4 때 흑은 1, 3으로 변으로 몰아갈 수 있다.

　백은 4의 마늘모 맥을 구사하며 6, 8로 귀를 점거하지만 흑이 석 점을 잡아서 충분하다.

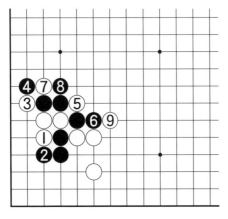

23도

### 23도 (축 관계)

앞 그림 흑3 때 백은 1, 3으로 젖히며 싸울 수도 있다. 이때 흑4로 막는 것은 축이 유리해야 한다. 이하 9까지 되면 축 관계가 발생하는데, 이 축의 성립 여부에 따라 승패가 결정되므로 흑은 축이 불리하면 함부로 4에 막을 수 없다.

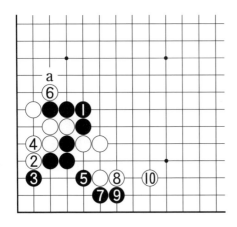

24도

### 24도 (타협)

앞 그림 백3 때 흑은 축이 불리하다면 1로 잇는다. 다음 백2, 4로 젖혀 잇고 흑5로 지킬 때 백6(또는 a)으로 진출한 후 10까지 변화가 필연이다.

　이 결과는 서로 타협인데 귀에 기반을 둔 흑이 약간은 편한 싸움이다.

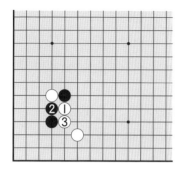

### ⊞ 장면

백1로 안쪽에서 젖히고 나서 흑2에 백3으로 눌러가는 것은 과격한 행마인데 흑이 어떻게 대처할지도 생각해보자.

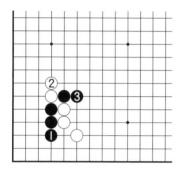

### 1도 (흑이 편한 싸움 1)

일단 흑1은 귀의 요소로 놓칠 수 없다. 다음 백이 2로 변쪽에 늘면 흑3으로 갈라놓기만 해도 귀를 기반으로 흑이 편한 싸움이다.

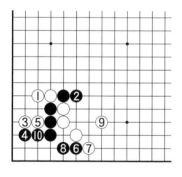

### 2도 (흑이 편한 싸움 2)

백1로 귀쪽을 엿봐도 흑2가 중앙 요소이다. 백3에 파고드는 것이 두렵지만 흑4 이하 10까지 사는 데는 문제없다. 이렇게 살아두면 백이 양쪽을 정비하기 바빠져 역시 흑이 편한 싸움이다.

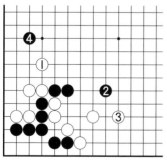

### 3도 (흑, 활발)

이다음 백1로 뛰는 정도인데 흑2로 보강한 후 4로 다가서는 흐름이 되면 흑이 활발하다.

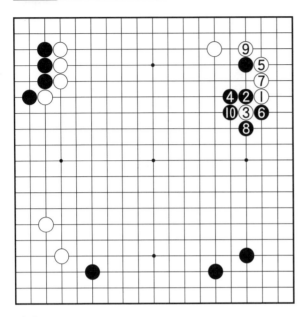

실전 1

### 실전 1

좌상귀를 보면 AI시대 포석임을 알 수 있다. 초점은 백1의 양걸침인데 흑2, 4에 백5의 붙임은 상용 수단이다.

이때 흑은 6으로 변에서 끊은 후 10까지 귀의 실리를 허용한 대신 우하귀 굳힘과 연동하며 우변을 세력화했다.

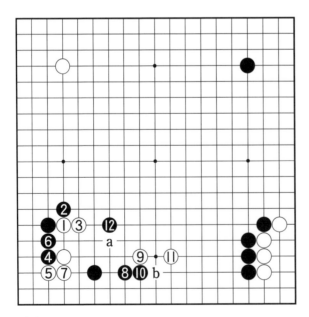

실전 2

### 실전 2

좌하귀가 흑의 양걸침이다. 백1로 붙인 후 7까지 AI시대의 유행 수순이다. 하변이 강한 흑은 8의 한칸으로 움직인 후 백9, 11로 견제할 때 흑12로 가르며 양쪽 백을 노린다.

이후 실전은 백이 a로 붙이며 싸움을 걸었지만 AI는 b의 호구 지이 우선이라고 한다.

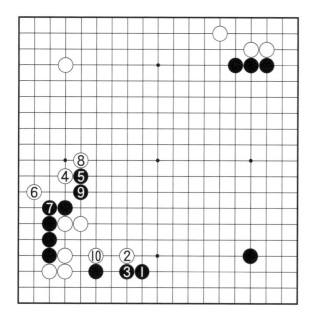

실전 3

### 실전 3

좌하귀 양걸침 정석이 초점이다. 유행 수순을 거쳐 이번에는 흑1의 두 칸벌림인데 백은 2, 4의 협공이 행마의 리듬이 다. 흑5의 붙임은 편법 이며 강수인데 백은 6, 8의 선수로 임시조치한 후 10으로 보강했다.

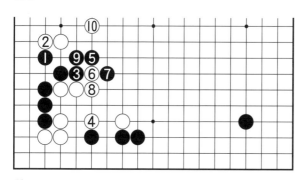

참고도 1

### 참고도 1 (AI 추천1)

실전 백4 때 흑1, 3으로 나가는 것이 보편적이 다. 백4로 보강한 후 10 까지 AI가 보여주는 추 천 변화이다.

### 참고도 2 (AI 추천2)

실전 이후 AI가 추천하 는 변화를 소개한다.

흑1의 끊음에 백2 이 하 6이 효율적인 임기 응변이다. 흑7, 9가 두 터운 압박이지만 백10 도 좌변과 하변에 보탬 을 주는 역시 두터운 요 소이다.

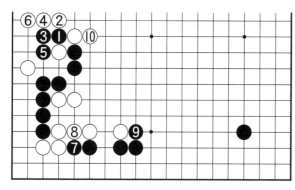

참고도 2

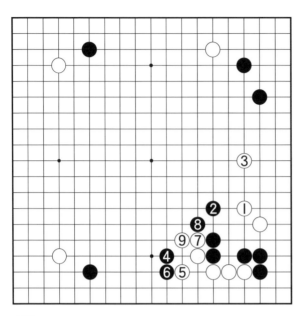

실전 4

## 실전 4

좌상귀와 좌하귀를 보면 걸침만 해두고 방치한 것이 AI시대 포석을 상징하는 것만 같다.

초점은 우하귀 양걸침 정석인데 이번에는 백1의 마늘모 행마로 임했다. 흑2의 한칸은 간명한 행마이며 백3으로 우변부터 지키면 흑4의 협공부터 9까지 세찬 추격은 흑의 권리이다.

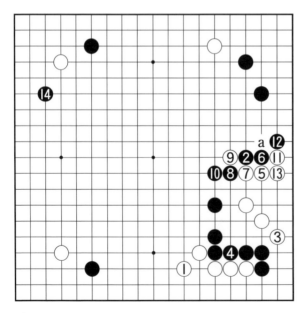

참고도

## 참고도 (AI 추천)

실전 흑2 때 AI는 백1의 하변 지킴이 우선이라고 본다. 우변 흑2로 협공하면 백3을 선수한 후 13까지 알기 쉽게 살아둔다.

다음 흑14로 걸치면 다시 양걸침 정석이 시작된다. 손빼기에 능한 AI는 a의 약점은 눈에 들어오지도 않는다.

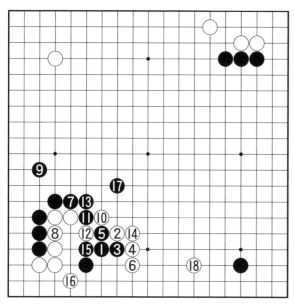

실전 5

## 실전 5

좌하귀가 양걸침 정석 변화인데 흑1의 마늘모에 이번에는 백2의 어깨짚음이다. 흑3, 5에 백6은 반발이며 흑7은 싸움의 요소이다.

백8, 10으로 봉쇄해도 흑11, 13을 활용한 후 15의 단수가 귀에 선수이니 17의 효율적 행마로 탈출하고 백도 18로 벌려 서로 타협했다.

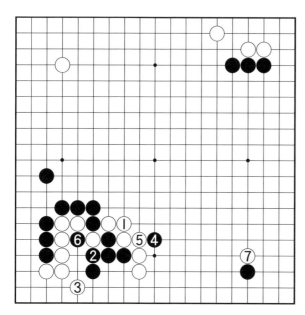

참고도

## 참고도 (AI 추천)

실전 흑13 때 정교한 AI는 같은 값이면 백1의 이음을 추천한다.

흑2, 4를 활용한 후 6으로 한점을 잡고 탈출할 때 백7의 붙임으로 적극 공세를 펼친다는 전략이다. 소목에 붙이는 수법은 AI의 주특기이지 않은가.

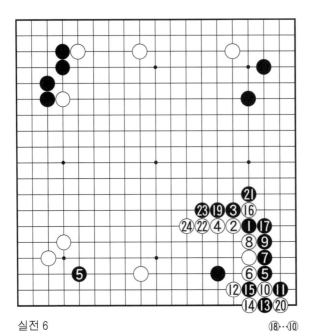

실전 6

(18)…(10)

**실전 6**

이번에는 흑1의 높은 양 걸침에서 백2로 붙인 후 14로 패를 걸며 18까지 패를 주고받음은 AI시 대의 상용 수순이다.

　흑19는 우변을 키우 겠다는 뜻이고 백20으 로 패를 해소했다. 이하 24까지 서로 우변과 하 변에 진영을 나눠갖는 흐름이 되었다.

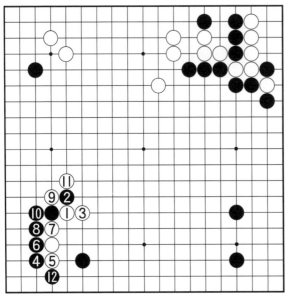

실전 7

**실전 7**

우상귀는 이른 3三침입 에서 파생된 변화로 서 로 우변과 상변에서 강 한 모습이다. 초점은 좌 하귀 높은 양걸침 정석 인데 흑4의 침입에 축 이 유리한 백은 11까지 한점을 두텁게 잡았다. 흑12로 하변 연결은 허 용해도 상변 세력과 연 동해서 국면을 폭넓게 주도하겠다는 뜻이다.

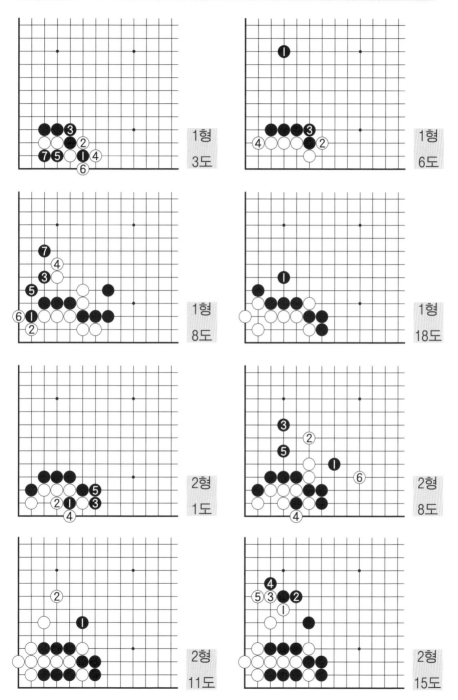

1형

3도

1형

6도

1형

8도

1형

18도

2형

1도

2형

8도

2형

11도

2형

15도

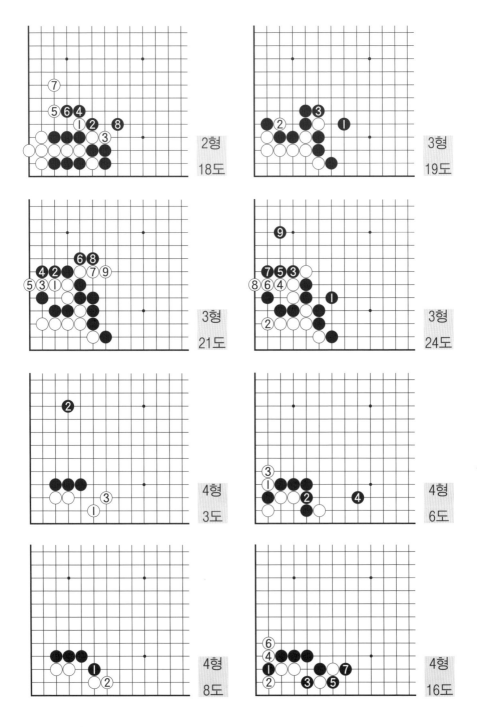

2형

18도

3형

19도

3형

21도

3형

24도

4형

3도

4형

6도

4형

8도

4형

16도

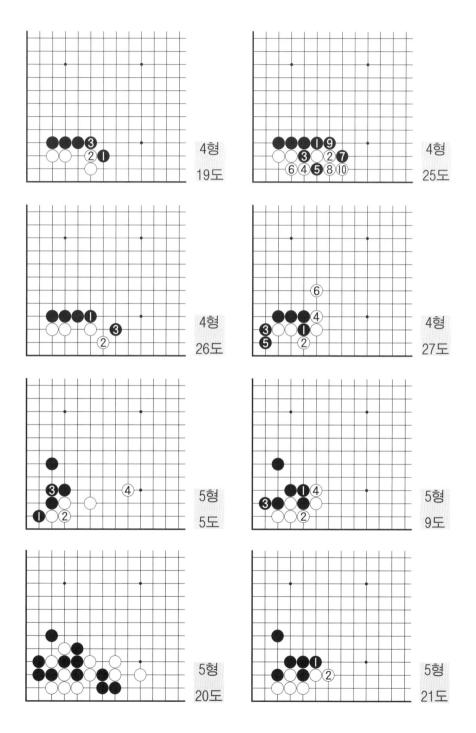

4형

19도

4형

25도

4형

26도

4형

27도

5형

5도

5형

9도

5형

20도

5형

21도

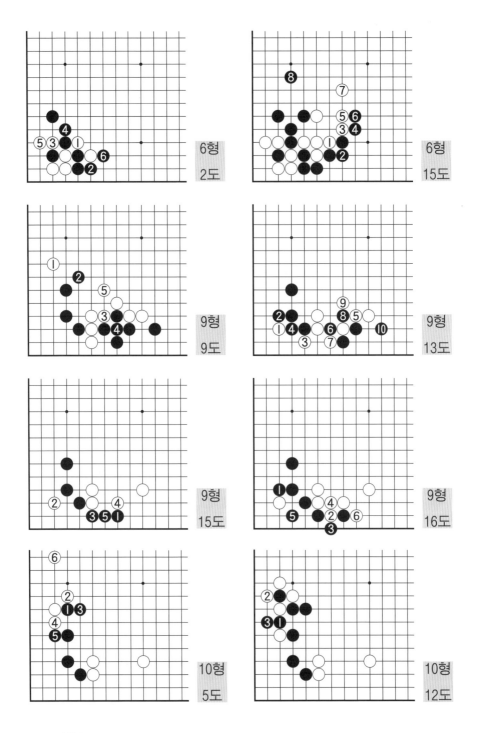

6형
2도

6형
15도

9형
9도

9형
13도

9형
15도

9형
16도

10형
5도

10형
12도

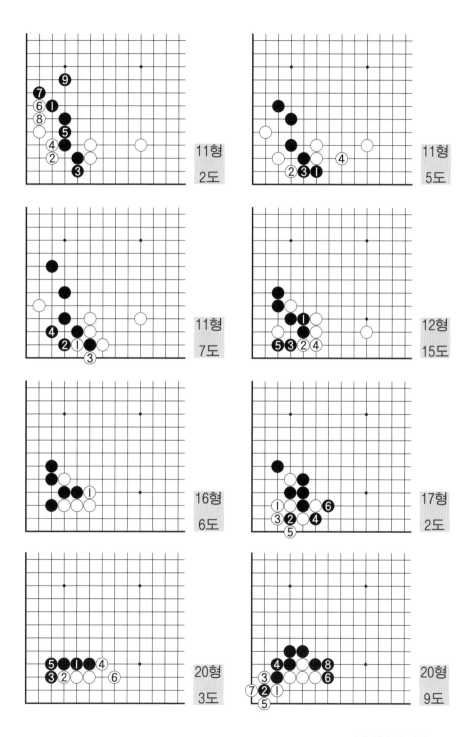

11형

2도

11형

5도

11형

7도

12형

15도

16형

6도

17형

2도

20형

3도

20형

9도

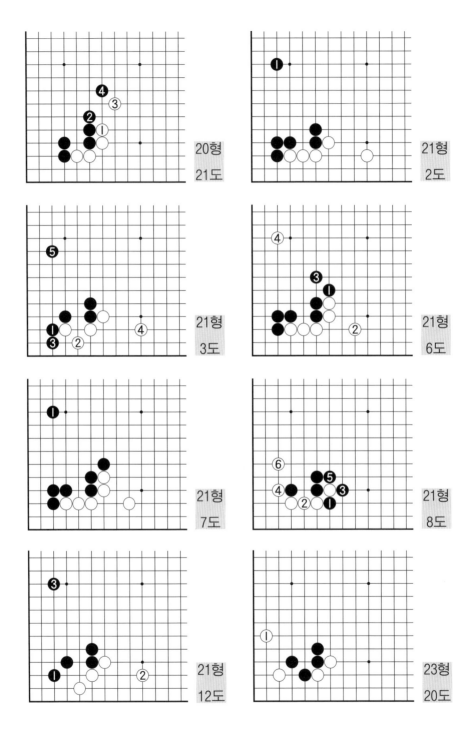

20형
21도

21형
2도

21형
3도

21형
6도

21형
7도

21형
8도

21형
12도

23형
20도

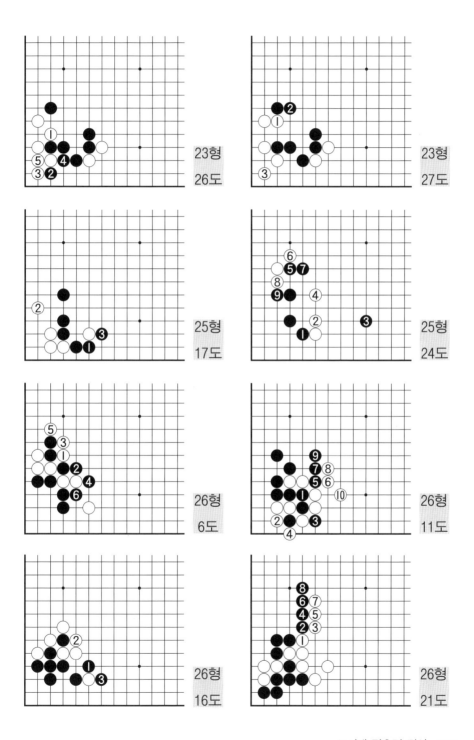

23형

26도

23형

27도

25형

17도

25형

24도

26형

6도

26형

11도

26형

16도

26형

21도

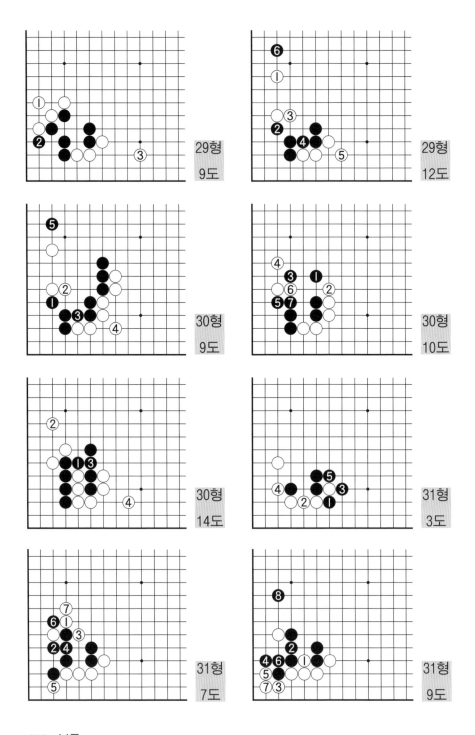

29형
9도

29형
12도

30형
9도

30형
10도

30형
14도

31형
3도

31형
7도

31형
9도

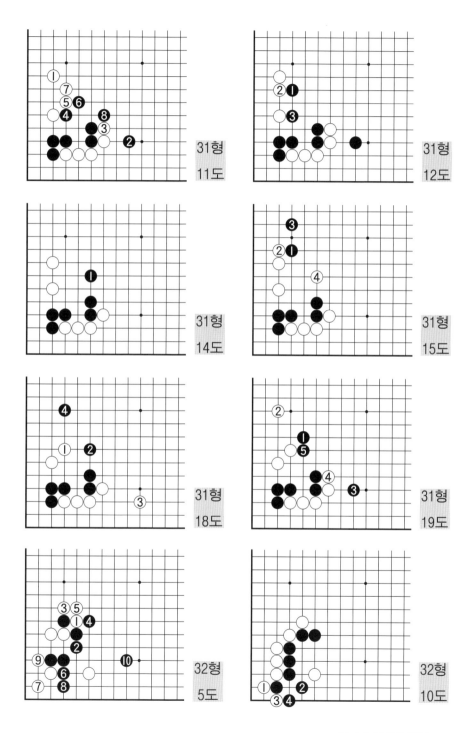

31형
11도

31형
12도

31형
14도

31형
15도

31형
18도

31형
19도

32형
5도

32형
10도

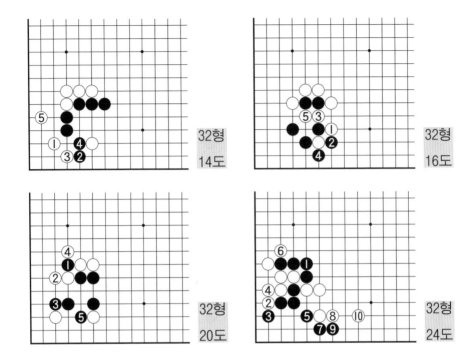

32형
14도

32형
16도

32형
20도

32형
24도

## 바둑 일류의 심오하고 창조적인 판세 읽기

### 진격의 중반전
352쪽 | 16,000원 | 목진석 감수 · 이하림 편저
바둑의 드라마틱한 중반전에 프로 일류는 어떻게 판세를 읽어가는가? 프로 고수의 실전보에서 재료를 발췌해 중반의 긴 과정을 따라가면서, 형세판단을 곁들여 나타날 수 있는 다양한 장면들을 보여준다.

## 이기는 바둑 시리즈

### 01 기본정석으로 강자가 되어라
272쪽 | 12,800원 | 목진석 감수 · 백재욱 지음
귀의 화점과 소목에서 기본적이고 중요한 변화를 익힌다면 정석을 거의 마스터했다고 봐도 좋다. 그러므로 바둑에 강해지려면 화점과 소목의 기본정석을 마스터하라!

### 02 기본포석으로 승자가 되어라
276쪽 | 12,800원 | 목진석 감수 · 백재욱 지음
최근의 포석은 처음부터 공간 전체를 활용하는 발상이 트렌드다. 그 과정에서 치열한 전투가 일어나기도 한다. 그럴수록 기본에 바탕을 둔 포석 감각을 익혀라. 그것이 안전하게 이기는 길이다.

### 03 기본행마로 감각을 키워라
276쪽 | 12,800원 | 목진석 감수 · 이하림 지음
바둑은 효율이다. 효율적인 바둑을 두려면 부분적인 모양에서의 행마의 길과 쓰임새, 전체적인 안목에서의 급소와 행마법을 익혀야 한다. 이런 행마의 감각을 키워 실전에서 적절히 구사해보자.

### 04 기본전략으로 판을 지배하라
268쪽 | 12,800원 | 목진석 감수 · 이하림 지음
정석은 주로 귀의 변화, 포석은 귀를 토대로 한 변의 변화가 핵심이라면, 전략은 중앙까지 염두에 둔 입체적 실전적 개념이다. 그야말로 야전(野戰)이다. 이제 야전의 세계로 들어가 보자.

### 05 기본사활로 수읽기에 강해져라
272쪽 | 12,800원 | 목진석 감수 · 이하림 지음
전체 판을 주도하려면 부분전투에 능해야 하고 그런 능력을 키우려면 수읽기에 강해져야 한다. 사활은 그 첩경이다.

### 06 기본맥점으로 수보기에 강해져라
272쪽 | 12,800원 | 목진석 감수 · 이하림 지음
바둑 한 판의 과정에는 다양한 맥이 숨어있다. 이런 맥을 찾는 학습으로 수를 빨리 보는 힘을 기르면 판의 급소를 읽으며 각종 전투에서 승리할 수 있다.

### 07 기본변칙수로 위기를 돌파하라
272쪽 | 12,800원 | 목진석 감수 · 이하림 지음
바둑은 정석대로만 두어서는 이길 수 없다. 그 과정에는 온갖 변칙적인 수법이 도사리고 있다. 이런 위기를 극복하고 살아남으려면 불의의 변칙수를 응징하고 때로는 상황에 맞는 정의의 변칙수를 구사해 어려운 판세를 돌파해야 한다.

### 08 기본끝내기로 판을 뒤집어라
272쪽 | 12,800원 | 목진석 감수 · 이하림 지음
바둑은 마라톤과 같아서 단번에 승부가 나지 않는다. 종반 역전의 짜릿함을 맛보려면 불리한 국면이라도 무모한 행동을 삼가며 때를 기다리는 인내심이 필요하다. 그런 절대 기회가 생겼을 때 끝내기의 묘미로 판을 뒤집어보자.

## 왕초보 바둑 배우기 시리즈

### 왕초보 바둑 배우기 1. 입문하기
238쪽 | 12,800원 | 조창삼 지음
바둑을 처음 접하는 분들이 배워야 할 규칙과 기본 기술을 이해하기 편한 대화 형식으로 거침없이 풀었다. 1권을 마치면 누구랑 두어도 당당할 것이다

### 왕초보 바둑 배우기 2. 완성하기
236쪽 | 12,800원 | 조창삼 지음
'입문하기 편'을 마친 분들이 배워야 할 부분 기술과 행마를 이해하기 편한 대화 형식으로 거침없이 풀었다. 2권을 마치면 부분 전투에 자신이 붙어 바둑의 묘미를 느낄 것이다.

### 왕초보 바둑 배우기 3. 대국하기
240쪽 | 12,800원 | 조창삼 지음
'완성하기 편'을 마친 분들이 배워야 할 초반의 포석, 중반의 전투, 종반의 끝내기 등 바둑의 한 판 과정에서 필요한 핵심 기술을 초심자의 눈높이에서 보여준다.